聴覚障害者へのソーシャルワーク

専門性の構築をめざして

原 順子

明石書店

はじめに

　筆者が耳の聞こえない人とはじめて出会ったのは、今から約30年前、福祉事務所で家庭児童相談員業務に携わっていた時であった。担当した不登校児の両親が聞こえない方で、手話通訳者とともに家庭訪問し、その時はじめて手話を目にした。その当時は、聴覚障害者がおかれている社会的状況など知る由もなかった。その後、筆者は縁があって難聴幼児通園施設で勤務することとなり、補聴器を装用して残存聴力を生かすための聴能訓練や、音声言語を習得させるための言語訓練、そしてきれいな発音ができるように発語訓練をおこなう聴能言語訓練士として12年間勤務した。その当時の聴能言語訓練は、手話を使わずに音声言語を獲得させる「口話主義」が全盛で、聞こえる人が主流である聴者社会で生きていくための苦しいハードな訓練を母子に課していた時代であった。その当時の筆者は違和感を覚えながらも、当たり前とされていた「口話主義」の担い手となっていた。要するに、聴者社会に同化（assimilation）[1]することが求められ、現在、アメリカやイギリスで主張されている大文字のDで始まるDeafで表す同化の反対である異化（dissimilation）については考えられない時代であった。

　聴覚障害者は長い歴史の中で彼らへのまなざしが大きく変遷し、その変化の影響をおおいに受け続けてきた存在である。たとえば、古代ギリシャ時代においては、聞こえない、話すことができないことは「罰すべき罪」であるとまでいわれ、教育することのできない「知性の欠如」であるとみられていた。その後、補聴器の発明や聴覚機能の再生医学が進歩したことでさらにまなざしが変化し、現在では、「『日本手話』を第一言語として使用し、『ろう文化』と呼ばれる独自の文化をもつ人びとである」ととらえる考え方も登場してきている（第2章3の「③日本におけるろう文化の状況」参照）。教育制度においても、過去の歴史の中でさまざまな対応があった。高齢者の中には就学免除の制度があったために、ろう教育や統合教育を受けていない未就学者も

いる。また、口話教育を受けた人、手話での教育を受けた人など、さまざまな違った教育を受けた聴覚障害者が存在する。このような多様な背景にある彼らが生活上のさまざまな困難や生きづらさを抱えた時に、ソーシャルワーカーが相談援助をおこなう場合には、ジェネラルな技能といったソーシャルワークの専門性に加えて、聴覚障害に関する独自のスペシフィックな技能が求められるというのが筆者の持論である。

　本研究は、以上に示すように複雑な様相を呈している聴覚障害者を対象にした相談援助における、ソーシャルワークの枠組みとソーシャルワーカーのコンピテンスを生成し、スペシフィックな技能といった独自の専門性を明確にするのが目的である。聴覚障害者への相談援助におけるこれらの専門性を明らかにした後には、聴覚障害者のストレングスに着目し、そしてエンパワメントする援助方法として、新たなまなざしであるろう文化に視点をおいた「文化モデルアプローチ」を構築することを目指している。

　以上の研究をおこなうために筆者が研究対象とするのは、聴覚障害者を対象に相談援助をおこなう「聴覚障害ソーシャルワーカー」である。聴覚障害者への相談援助者は他の障害種別と比べると、1963年という早い時期に北海道旭川市に相談員が設置されている。現在では、大半は専門的な教育や訓練を受けた相談員ではなく、クライエントである聴覚障害者と直接に手話でコミュニケーションできる人が、たとえば「ろうあ者相談員」という名称で設置されている。手話ができれば聴覚障害者の生活上の諸問題に関する相談援助が可能とみなされ、手話通訳者が相談員を担っている地域が多い。全国には約230人のろうあ者相談員がおり、その中で、社会福祉士・精神保健福祉士国家資格の有資格者は、わずか1割にも満たない状況である（詳細は第3章）。

　当事者団体は手話でのコミュニケーションが可能なことを相談員としての第一条件と考えており、行政側は相談援助の専門職が手話通訳者を介して相談援助をおこなうことで事足りると考えている。はたして、手話ができなくても、手話通訳者を介して聴覚障害者とコミュニケーションができれば相談援助もできるのだろうか。聴覚障害について十分に理解できていなくても相談援助ができるのだろうか。

　このような状況の中、クライエントに応じたさまざまなコミュニケーショ

ンが可能であり、かつ、相談援助の専門職であるソーシャルワーカーが現場から求められるようになり、2006年7月に「日本聴覚障害ソーシャルワーカー協会」が設立された。この専門職団体は、「相談援助に関する専門性をもち、聴覚障害について熟知し、さまざまなコミュニケーション手段に対応できるソーシャルワーカーが求められる」として設立された。

　本研究では、この聴覚障害ソーシャルワーカーの専門性とは何なのかを、科学的根拠に基づく調査研究により考察し、その独自の専門性を明確にしたいと筆者は考えている。

　本論文での用語の使い方であるが、聴覚障害者を対象とする相談援助活動を、本研究では「聴覚障害ソーシャルワーク」と表記する。本来は医学的に耳が聞こえない状態を表す英語表記のdeafnessを使用し、「deafnessソーシャルワーク」と表記したいところであるが、英語表記を使用することにより一般化に歯止めをかけることも懸念されるので、「聴覚障害ソーシャルワーク」とする。

　また、耳が聞こえない人びとを「聴覚障害者」と表記する。昨今は、表記に関する話題として、「障害者」の「害」の表記が病理的視点における産物であるとの指摘があり、「害」の漢字表記を避けた「障がい者」「障碍者」が使用されることが散見される。筆者もこの考えに賛同するところであるが、法律・制度・政策等では依然として「障害者」が使用されており、論文中に用語の不統一がみられる紛らわしさを避けるためにも「聴覚障害者」を使用する。

　本論で詳述するが、一口に聴覚障害者といってもその実態は、ろう者・難聴者・中途失聴者など多様である。耳が聞こえないといってもどの程度の聞こえのレベルなのか、また、ろう者のコミュニティである「デフコミュニティ（ろう者社会）」に属しているのか、「手話を母語とするろう文化にアイデンティティがある」のか、言語獲得期以前の失聴なのか、それとも言語獲得後の失聴なのかなど、一括して「聴覚障害者」と表記できない多様な実態があり、複雑な様相を呈している。そのため、すべての聞こえない人を表記する場合は「聴覚障害者」と記し、特定の聞こえない人を説明する場合は、その文脈に応じた表記を使用することとする。

　たとえば、ろう者とは、手話を第一言語として使用し、デフコミュニティ

に属する者を指すが、聴力レベルによる分類ではないため、難聴者でもろう者としてのアイデンティティを有し、補聴器を装用せずに手話を第一言語とすることもある。このような場合はろう者とする。文脈的にはろう者と限定したほうがよい場合もあり、内容的にもすべての聴覚障害者に言及できない部分もあるが、本研究のテーマは、生活上の困難さを抱える聞こえない人たちを対象とするため、全般的には聴覚障害者を使用する。

また、従来は「ろうあ者」と表記されることもあったが、ろうあの「あ」は話すことができない「唖」を意味しており、現在では口話法教育により音声言語が獲得できることや、手話で会話ができるという意味で使用されることは少なくなっているため、本研究では使用しない(ただし、研究協力者の語りにはそのまま用いた)。

また本研究では、ソーシャルワークの対象のクライエントとして、すべての年代層を対象として論じるため、正確には「聴覚障害児・者」と表記すべきであるが、この点に関しても一括して「聴覚障害者」と表記する。聞こえる人に関する表記については、現在のところ、「聴者」や「健聴者」が使われているが、本研究では「聴者」と記すこととする。

注
1 「同化」および「異化」の用語は、石川の論文から借用したものである(石川 2002: 35-41)。

聴覚障害者へのソーシャルワーク──専門性の構築をめざして ●目次

はじめに　3

第1章　研究課題と構成 ———————————————————— 11

1. 研究の目的　12
2. 研究の方法　12
3. 本研究の構成　13

第2章　クライエントとしての聴覚障害者 ————————————— 15

1. 聴覚障害者とは　16
   1. 聴覚障害者の多様性　16
   2. 多様なニーズと相談内容　20
   3. 少数派である聴覚障害者　23
2. 聴覚障害者へのまなざしの変遷　25
   1. 歴史的変遷　25
   2. 病理的視点から文化的視点へ　29
3. 聴覚障害者のろう文化　32
   1. ろう文化の特性　32
   2. ろう文化の構成要素としての手話　38
   3. 日本におけるろう文化の状況　40

第3章　相談援助専門職であるソーシャルワーカー ———————— 47

1. ソーシャルワーカーとは　48
   1. ソーシャルワーカーの現状　48
   2. 聴覚障害ソーシャルワーカーの歴史と現状　49
   3. 養成制度からみたソーシャルワーカー　51
2. ソーシャルワーカーのジェネラルな技能とスペシフィックな技能　53
   1. ジェネラルな技能　53
   2. 本研究におけるスペシフィックな技能のとらえ方　53

第4章　聴覚障害ソーシャルワークの理論的枠組みの形成 ————— 59

1. 調査分析①　60

① はじめに　60
　　　② 調査方法の選択理由　60
　２．インタビュー調査の方法　62
　　　① インタビュー調査の研究協力者　62
　　　② インタビュー調査の方法およびデータ収集　63
　　　③ 研究における倫理的配慮　64
　　　④ 分析方法　64
　３．分析結果　65
　　　① カテゴリー・概念の生成　65
　　　② ストーリーラインと聴覚障害ソーシャルワークの枠組み　67
　　　③ カテゴリーの概念説明　68
　４．考　察　79

第5章　ソーシャルワーカーのコンピテンス ──── 83

　１．コンピテンスに関する先行研究　84
　２．異文化間ソーシャルワークにおけるカルチュラル・コンピテンス　85
　　　① NASW のカルチュラル・コンピテンス　86
　　　② 異文化間ソーシャルワークのカルチュラル・コンピテンス　87
　３．聴覚障害ソーシャルワーカーのコンピテンスに関する先行研究　89

第6章　聴覚障害ソーシャルワーカーのコンピテンス ──── 93

　１．調査分析②　94
　　　① 調査の目的と概要　94
　　　② 調査方法の選択理由　94
　２．インタビュー調査の方法　94
　　　① インタビュー調査の研究協力者　94
　　　② インタビュー調査の方法およびデータ収集　95
　　　③ 研究における倫理的配慮　96
　　　④ 分析方法　96
　３．分析結果　98
　　　① 島・表札の生成　98

2 結果の概念説明　101
　4．聴覚障害ソーシャルワーカーのコンピテンス概念図　105
　5．考　察　105

第7章　調査結果の考察と今後の研究課題
　　　──文化モデルアプローチの構築に向けて　109

　1．調査結果の妥当性　110
　　　1 先行研究との共通点　110
　　　2 先行研究との相違点　113
　2．ろう文化視点の重要性の確認──就労支援の事例をもとに　117
　3．文化モデルアプローチの提言　122

第8章　まとめ　127

　1．本研究の要約と結論　128
　2．本研究の意義と限界　131
　3．今後の課題　132

文献リスト　133

おわりに　139

謝　辞　140

　事項索引　142
　人名索引　146

　〈資料1〉調査分析①　M-GTA 分析ワークシート　149
　〈資料2〉調査分析②　KJ法　表札の対応表　179

　初出一覧　196

第1章　研究課題と構成

1. 研究の目的

本研究では、聴覚障害者の生活上の諸問題にかかわる相談援助（以下、聴覚障害ソーシャルワーク）における専門性に着目し、クライエントである聴覚障害者と、彼らを対象に相談援助をおこなうソーシャルワーカー（以下、聴覚障害ソーシャルワーカー）を研究対象とする。

研究の目的は、以下の3点を論考・検証し、聴覚障害者の特性をふまえた聴覚障害ソーシャルワークの専門性を実証的に分析することである。

(1) ソーシャルワーク実践の枠組みが存在すること。
(2) 聴覚障害ソーシャルワーカーには、本来、ソーシャルワーカーとして必須であるジェネラルな技能の他に、聴覚障害に関する独自のスペシフィックな技能が必要不可欠であること。
(3) 聴覚障害ソーシャルワークには、多数派である聴者の聴文化に対して、少数派である聴覚障害者の〈ろう文化〉に関する視点が不可欠であり、それを基盤とする援助として「文化モデルアプローチ」が構築されうること。

2. 研究の方法

研究の目的(1)については、調査分析①として、聴覚障害ソーシャルワーカーを対象にインタビュー調査を実施し、収集したデータは修正版グラウンデッド・セオリー・アプローチを用いて分析し、聴覚障害ソーシャルワークの理論的枠組みを生成する。

研究の目的(2)については、聴覚障害ソーシャルワーカーのスペシフィックな技能を検証するために、調査分析②として、調査分析①と同じく聴覚障害ソーシャルワーカーを対象にインタビュー調査を実施し、ソーシャルワーカーとして必要な資質や知識・技術等のコンピテンスを、KJ法により生成する。そして、生成されたコンピテンスについて、クライエントの文化的背景に着目することでは共通点のある異文化間ソーシャルワークや、聴覚障害ソーシャルワークに関する先行研究との比較をおこない、聴覚障害ソーシャ

ルワーカーの独自の専門性を抽出する。

　研究の目的(3)については、聴覚障害ソーシャルワーカーの就労支援に関する報告書を文献調査し、本研究の調査結果からみえてきた〈ろう文化〉視点に基づく援助アプローチとして、「文化モデルアプローチ」の可能性について検討を加える。

3．本研究の構成

　第2章以降の本研究の構成について説明する。

　第2章と第3章では、聴覚障害ソーシャルワークの重要な構成要素である「クライエントとしての聴覚障害者」と「相談援助専門職であるソーシャルワーカー」について、先行研究をふまえて論じる。

　まず第2章では、聴覚障害者とはどのような人たちなのか、その実態について説明し、彼らがおかれている社会的状況を概説する。そして、聴覚障害者が歴史的にどのような存在として人びとのまなざしが向けられていたのか、その障害者観の変遷について、先行研究をもとに論じる。加えて、本研究の重要な視点である、ろう文化に関する先行研究についてもレビューし、構成要素を明らかにする。

　第3章では、援助者としてのソーシャルワーカーに関して、特に聴覚障害者への相談援助をおこなっているソーシャルワーカーの歴史と現状について説明する。そして、ソーシャルワーカーの専門性の中で、本研究で明らかにするスペシフィックな専門性のとらえ方を論じることで、本研究での筆者の研究スタンスを明確にする。

　第4章では、聴覚障害者を対象に相談援助をおこなっているソーシャルワーカーにインタビュー調査を実施し、その結果から、聴覚障害ソーシャルワークの枠組みを生成し（調査分析①）、聴覚障害ソーシャルワークの枠組みからみたスペシフィックな専門性を明確にする。

　次に、第5章では、ソーシャルワーカーのコンピテンスをもとに考察を展開する。まずコンピテンスの定義について考察する。そして、ろう文化への理解が求められるという点では聴覚障害ソーシャルワークと共通点をもつであろう、異文化間ソーシャルワークのカルチュラル・コンピテンスと、聴覚

障害ソーシャルワーカーのコンピテンスに関する先行研究をレビューする。

　第6章では、聴覚障害ソーシャルワーカーのコンピテンスを質的調査により生成する。第4章の調査分析①を継続したインタビュー調査結果から、聴覚障害ソーシャルワーカーのコンピテンスを抽出し、分析する（調査分析②）ことにより、聴覚障害ソーシャルワーカーのコンピテンス概念図を作成する。

　第7章では、第6章で生成した聴覚障害ソーシャルワーカーのコンピテンスについて、第5章で示した先行研究との比較をおこなう。それらの共通点および相違点から、本調査研究の妥当性を考察する。そして、聴覚障害ソーシャルワーカーには、ろう文化に視点をおいた援助が重要であることを明らかにする。具体的には、聴覚障害者を対象とする就労支援従事者の言説をもとに考察をおこなう。その結果をもとに、ろう文化視点による介入の重要性を明らかにし、聴覚障害ソーシャルワークにおける文化モデルアプローチの提言をおこなう。

　第8章は本研究のまとめであり、聴覚障害者への相談援助におけるスペシフィックな専門性についての要約と結論、本研究の意義と限界、そして今後の課題を述べる。

第2章　クライエントとしての聴覚障害者

1. 聴覚障害者とは

　本節では、聴覚障害ソーシャルワークのクライエントとしての聴覚障害者について、先行研究レビューも含めてその実態を概説する。簡潔にいえば、身体障害者手帳をもつ聴覚障害者は約36万人で、総人口のわずか0.28％（2008年）であり、その実態は多様である。多様性と少数派をキーワードとして説明する。

1 聴覚障害者の多様性

　「耳が聞こえない人」と一言でいっても、個々の聴力、失聴時期、コミュニケーション手段、受けた教育（未就学含む）、アイデンティティ（ろう者志向or聴者志向）、世代に応じた生活史の相違（特に教育制度による影響）など、聴覚障害者の実態は多様な状況を呈している。また、聞こえない人を表す用語も、聴覚障害者、ろう者、難聴者、中途失聴者などと多様である。

　これは聴覚障害者に関する先行研究により明らかである。たとえば、植村（2001: 51-54）は、①医学的分類（伝音性難聴、感音性難聴、混合性難聴）、②WHOによる国際障害分類（ICIDH）、③教育的分類、④身体障害者福祉法の身体障害者手帳等級表による4分類をおこなっている[1]。1つの指標で分類するだけでなく、実態はこれらの組み合わせとなる。①医学的分類は、聴覚伝導路別の分類であるが、聞こえ方の分類についてもさまざまである。

　オージオグラム（聴力図）に示される聴力型は個人ごとに違っており、水平型、高音漸傾型、高音急墜型、低音障害型、谷型、山型などさまざまな聞こえの型がある。要するに、個人によって聞こえ方が違うのである（中村 2010: 8）。

　聴覚障害者の当事者組織である全日本ろうあ連盟は、自己選択・自己決定の観点からみた聴覚障害者の対応能力による分類を、以下のようにおこなっている（全日本ろうあ連盟 2007: 11）。

(1) 日本語の理解があり、読み書きや手話使用の能力のある聴覚障害者の場合、手話通訳や筆談・要約筆記による情報・コミュニケーションのサポートで自己選択・自己決定が可能である。

(2) 難聴・中途失聴の障害で、普通学校で教育を受けた者は、補聴器使用、筆談・要約筆記による情報・コミュニケーションのサポートで自己選択・自己決定が可能である。
(3) 手話を日常的なコミュニケーションとして使用しているが、日本語の獲得が十分でなく、読み書きの能力に制約がある者には、手話通訳による情報・コミュニケーションのサポートだけでなく、自己選択・自己決定をおこなうための説明、助言・相談支援などが必要である。
(4) 標準手話が使えず、読み書きの能力も非常な困難が伴う者には、身振り的な手話を中心とした情報・コミュニケーションのサポートとともに、生活支援を含めた介助等が必要である。

　以上のように聴覚障害者は多様であるがゆえに、相談援助においてはその実態を十二分に理解した専門性が求められることになる。
　また、コミュニケーション手段に着目しても多様な実態がある。イギリスの聴覚障害者を対象にしたRogers, K.とYoung, A.の調査論文では、調査対象者の基本属性の分類方法として、①口話、②BSL（British Sign Language：イギリス手話）、③SSE（Sign Supported English：英語対応手話）、④BSLとSSEの併用、⑤BSLと口話の併用、⑥SSEと口話の併用、⑦BSL・SSE・口話の併用の7種類に分けている（Rogersら2011: 8）。これに、筆談や空間に文字を書く空書を加えると、聴覚障害者のコミュニケーション手段は非常に多様であることがわかる。わが国の場合は、BSLは日本手話、SSEは日本語対応手話であり、他には日本手話と日本語対応手話の間に中間手話やピジン手話を加えるものもある（「第2章3の「[2]ろう文化の構成要素としての手話」を参照）。
　このように、聴覚障害者をとりまく言語環境は多様であり、他には教育を受ける機会がなかったためにホームサインを使うろう者、社会生活経験が乏しいために言語力の低いろう者もいることが指摘されている（田門2008: 10）。
　さらに、聴覚障害者は縦断的に理解することも必要な人たちである。具体的には、歴史とともに変化してきている聴覚障害者に対する教育観（特に、口話教育対手話教育論争）や、彼らをとりまく社会状況の変化、たとえば医学の進歩やIT機器の開発、障害者観・ろう者観の変遷など、時代とともに大きく変化してきたゆえの多様な実態もある（この点については、第2章「2. 聴

《図1》 聴覚障害の多様な実態〈聴覚障害スペクトラム〉

覚障害者へのまなざしの変遷」で詳述する)。

　以上のように、聴覚障害者の実態は簡単に分類化することは難しく、図1に示すように各項目（①～⑥）における連続体で示す範囲のどこに位置するかを指標とする「聴覚障害スペクトラム」を想定することができる。

　聴覚障害者の実態はこのように多様であるが、ソーシャルワークにおいてクライエントをアセスメントする際に活用できる、多様な聴覚障害者の理解に必要な項目とクライエント理解として、Aさんの例を表1に示す。

聴覚障害者の多様性理解に必要な項目
①聞こえの程度
　　重度、中等度、軽度
②失聴時期
　　言語獲得期以前の失聴（先天性）、就学期の失聴、成人期の失聴
③主なコミュニケーション手段
　　手話、筆談、口話、その他
④受けた教育

《表1》クライエント理解　例：Aさんの場合

項目	内容	該当する項目	備考
①聞こえの程度	重度	○	身体障害者手帳2級取得
	中度		
	軽度		
②失聴時期	言語獲得期以前の失聴（先天性）	○	2歳時髄膜炎罹患後、失聴
	就学期の失聴		
	成人期の失聴		
③主なコミュニケーション手段	手話		
	筆談	○	
	口話	○	補聴器装用で聴覚活用
	その他		
④受けた教育	ろう学校（現、特別支援学校）		
	地域の学校		
	ろう学校と地域の学校の両方	○	ろう学校幼稚部、地域の小学校、中学校と高校はろう学校
	未就学		
⑤家族の様相	デフファミリー		
	聴者の家族	○	家族で聞こえないのはクライエント1人だけ
	どちらともいえない		
⑥アイデンティティ	聴者社会にアイデンティティをもつ		
	ろう者社会にアイデンティティをもつ		
	どちらともいえない	○	

　ろう学校（現、特別支援学校）、地域の学校、ろう学校と地域の学校の両方（Uターン、Iターン）、未就学
⑤家族の様相
　デフファミリー[2]、聴者の家族、どちらともいえない
⑥アイデンティティ
　聴者社会にアイデンティティをもつ、ろう者社会にアイデンティティをもつ、どちらともいえない

Aさんの説明
　Aさんは、①聞こえの程度は、両耳の聴力レベルが100デシベルで、

身体障害者手帳の2級を取得しており、②2歳時に罹患した髄膜炎の後遺症として失聴し、現在、③主なコミュニケーション手段は、補聴器装用で聴覚活用をしており、相手の口の動きを読み取る「読話」をおこない、発音不明瞭ながらも音声言語による口話をおこなっている。相手とコミュニケーションがとりづらい時は筆談をし、手話は一応使えるが得意ではない。④受けた教育は、就学前はろう学校幼稚部に通い、就学後は地域の小学校でインテグレーション（統合）教育を受けた。しかし、学年が上がるにつれ学力的に遅れが生じてきたため、中学校からはろう学校にＵターンした。⑤家族の中で聞こえないのはＡさんだけで、家族の中で疎外感を感じることも多いという。このような状況にあるＡさんは、⑥デフコミュニティにも聴者コミュニティにも帰属意識は曖昧で、明確なアイデンティティをもてずにいる。

　表１のように示すことで、多様な実態がある聴覚障害者のクライエント理解が容易となる。

２ 多様なニーズと相談内容

　前項で示したように、多様な実態にある聴覚障害者を対象とした相談援助には、多様なニーズと相談内容が存在することになる。

　聴覚障害ソーシャルワークの相談内容は、ライフステージでのさまざまな生活問題を聴覚障害ソーシャルワーカーが担当し介入しなければならない。一人のソーシャルワーカーが、児童福祉、高齢者福祉、生活保護関連といった限定的な一分野だけの福祉ニーズを対象とするのではなく、広い分野・領域に関する専門的知識や社会資源にも精通していなければならない。その意味では、聴覚障害ソーシャルワーカーは障害種別の中でも聴覚障害者を対象とするスペシフィックなソーシャルワーカーではあるが、その業務内容はジェネラルなソーシャルワーカーといえる。

　まず、先行研究をレビューする。具体的な相談内容の特徴として野澤が、表２のようにまとめている（野澤2001: 6）。長年の聴覚障害ソーシャルワーカーとしての経験知からの分類であるが、就労支援、家族支援、精神保健、スクールソーシャルワークと、多領域にわたる相談内容となっている。

　野澤が指摘しているように、多様な相談内容を対象とするのが聴覚障害

《表2》相談内容の特徴

1. 早急に処置を必要とする相談が多い。
    例：転職、求職、家出、育児問題等
2. コミュニケーション能力と社会の理解の不十分さから職場等に同行することが多い。
    例：職場同行、各種手続き、"ろう"についての説明（保育園、学校、職場等）
3. 筆談にも対象者により高度の技術が必要。3、4語文が適当なケースが多い。ただし、平仮名だけの文はかえってわかりにくい。語尾が否定形の肯定文（二重否定文）は理解しにくい場合がある。
    例：入社して1日で辞める、言動がストレートである、名前の呼び捨て、約束の時間にいつも遅れる、1年間に転職数回、連絡文が読めない等
4. 家族や周囲の働きかけ、協力が不可欠の相談が多い。
    例：夫と子どもを残して家出、突然の失踪、育児への干渉等
5. 解決に2～3年かかったりすることも多く、困難な相談が多い。
    例：ノイローゼ、心因性症状、窃盗の常習等
6. 生活・学習、職能指導等が先行する相談。
    例：不就学者への生活援助、読み書き訓練援助、社会性を身につけるための援助

（野澤 2001: 6 に筆者加筆）

ソーシャルワークの特徴であるが、これらを福祉ニーズとして筆者がまとめたのが表3である。聴覚障害者の福祉ニーズは、主としてコミュニケーションや情報保障に重点をおいて説明されることが多いが、このようにさまざまなものがある。

①すべての聴覚障害者がもつニーズには、コミュニケーションや情報アクセス権の保障、就労・雇用保障、生活に関する優遇措置（優遇税制、障害年金、障害手当金など）、特別支援教育としてのろう教育などがある。これに対し、福祉六法関係領域の生活問題に関する、②特別な聴覚障害者のニーズもある。たとえば、高齢聴覚障害者の介護ニーズや、知的障害・精神障害・視覚障害（盲ろう者・ろう盲者）・他の身体障害などを重複する重複聴覚障害者への介護・生活支援ニーズ、経済的支援を必要とする生活困窮者や、児童虐待・養護問題といった児童福祉領域の福祉ニーズである。他にもDV（ドメスティック・バイオレンス）、入院患者の退院支援、非行問題、犯罪者更生支援など、生活上の困りごとに関する相談援助がすべて含まれ、当然のことであるが、聴者の福祉ニーズすべてが該当する。このような多様な福祉ニーズに対しての対応が聴覚障害ソーシャルワーカーに求められるのである。

たとえば、スクールソーシャルワークでは、地域の学校で教育を受ける

《表3》聴覚障害者の多様な福祉ニーズ

① すべての聴覚障害者がもつニーズ
　　＊コミュニケーション・情報保障
　　　　手話通訳、要約筆記、ノートテイクなど
　　　　字幕（手話）入り情報（TV、映画、ビデオ、DVD など）
　　　　情報機器の開発・貸出、日常生活用具・補装具の給付
　　＊就労・雇用保障、生活に関する優遇措置（優遇税制、障害年金など）
　　＊ろう教育
② 特別な聴覚障害者のニーズ
　　＊高齢聴覚障害者福祉（介護ニーズ）
　　＊重複聴覚障害者（介護・生活支援ニーズ）
　　＊生活保護（経済的支援ニーズ）
　　＊児童福祉（児童虐待・養護問題支援ニーズ）

(原 2008a: 112)

　インクルーシブ教育を最良の教育と考えるのか、それとも専門性を生かしたろう教育が最善と考えるのかは、ろう教育に関する考え方や価値観が重要な要素となる。また、手話を使用する教育（手話主義）がよいのか、それとも口話力を獲得することを優先する（口話主義）のか、キュードスピーチ[3]を推奨するのかなど、コミュニケーション手段においてもさまざまな選択肢があり、聴覚障害ソーシャルワーカーの援助観・価値観が聴覚障害児の進路を左右するという、大きな影響力を及ぼすこととなる。聴覚障害児の親の約90～95％が聴者であるという実態（Wax 1995: 681）の中で、ソーシャルワーカーがこれらのどれかに偏向した情報提供をおこなうのではなく、それぞれの長所や短所も説明しうるだけの情報をソーシャルワーカー自身がもっている必要がある。

　他にも、人工内耳や補聴器による聴覚補償や、ろう文化推進派としての聴覚補償不要論など、多様な考え方が存在する。わが国での人工内耳装用者は、2010年に6500人[4]を超えている（人工内耳友の会：ACITA）。アメリカのろう文化に関する研究の第一人者であるLane, H. は、人工内耳手術に対して、「自分の考えで意思決定できない子どもに親の考えで人工内耳を埋め込んでしまうことは子どもへの人権侵害である」（Lane 2005: 300）と、親が勝手に子どもに手術を受けさせることに警鐘を鳴らしている。医学、物理工学、音響工学といった専門領域の進化とともに、聴覚障害児への教育も変化し、その社会の価値観が多大な影響を及ぼすものであるといえる。このような多様

な事柄に対しても、聴覚障害ソーシャルワーカーは偏向のない理解をしておく必要がある。アメリカやイギリスなどで主張される「聴覚障害者は手話という独自の言語をもつ」という文化的視点でのとらえ方も同様であり、このような多様な価値観が存在することを理解したうえでないと、聴覚障害ソーシャルワーカーは相談援助においてジレンマが生じることになる。

　また、聴覚障害者自身がろう者社会か聴者社会のどちらの価値や視点にアイデンティティをもつかが不確実である場合には、メンタル的にも問題が生じやすくなることを、臨床心理学の立場から河﨑は事例を紹介し論じている（河﨑 2004）。このように、聴覚障害ソーシャルワーカーは、聴覚障害に関する多様な価値観や実態を理解していなければならない。

３ 少数派である聴覚障害者

　以上のように多様な実態がある聴覚障害者だが、統計的には少数派である。先に述べたように、身体障害者手帳を取得している聴覚障害者は、厚生労働省の「身体障害児・者実態調査」（2006年）によると約36万人であり、他種別障害も含めた身体障害者手帳所持者のうちの約1割である。

　身体障害児・者全数357万6100人のうち、多い順から、肢体不自由181万100人（50.6％）、内部障害109万1000人（30.5％）、聴覚・言語障害36万人（10.1％）、視覚障害31万5000人（8.8％）である。視覚障害よりは若干多いが、身体障害者の中では統計的にみても少数派である（内閣府：2012）[5]。また、日本手話を母語として獲得したろう者は推定6万人で、日本の人口の約0.05％であるとの指摘もある（木村 2007: 4）。

　以上のことから、聴覚障害者は、学校や就労の場など、すべての社会の中でマジョリティである聴者とともに、マイノリティとして生活している実態がある。それゆえに、①社会資源の少なさ、②守秘義務遂行の困難さ、③福祉サービスの貧弱さ、といった福祉サービス提供における特徴がある。

　まず、①少数ゆえに、聴覚障害に関するさまざまな物的社会資源は少ない。

　表4は聴覚障害者関連の社会福祉施設種別ごとの施設数をまとめたものである。聴覚障害者情報提供施設と難聴幼児通園施設（現在は法改正に伴い、「児童発達支援センター（主として難聴児）」）以外は施設数が少ないが、この実態は

《表4》聴覚障害者関連の社会福祉施設（2008年3月現在）

◆法律上の定義がある施設
- ろうあ児施設　　　　　　　　　14施設
- 聴覚言語障害者更生施設　　　　　3施設
- 聴覚障害者情報提供施設　　　35都道府県に39施設
- 難聴幼児通園施設　　　　　　　25施設

◆法律上の定義はないが、主に聴覚障害者を対象とし、聴覚障害者の特性をふまえたうえでの専門的実践、コミュニケーション保障を目的とした施設
- 聴覚障害高齢者福祉施設　　　　8施設
- 聴覚重複障害者福祉施設　　　　15施設
- 無認可共同作業所　　　　　　約15施設

施設種別名は2008年当時の名称。　　　　　　　（高山2008: 144に筆者加筆）

　全国に数少ない施設が点在している「少数拡散型の社会資源」といえよう。たとえば、手話を使用する聴覚障害高齢者が、手話環境が保障されている特別養護老人ホームに入所を希望する場合、自宅から離れた遠隔地に入所せねばならない事例も多く、聴者に比べかなり制約がある状況にある。また、聴覚障害に特化した施設でない場合は、施設内では聴覚障害者は少数派であり、彼らのニーズに十分に対応できないことが多い。たとえば、職員も他の入所者も誰一人として手話を使えない特別養護老人ホームでは、手話のみを使用する高齢者は誰ともコミュニケーションができない生活を送らざるをえなくなる。「施設内少数派型の社会資源」は潤沢ではないのである。

　次に、②守秘義務遂行の困難さの課題がある。聴覚障害者には、手話という共通言語を使用する者同士が深い結びつきをもち、交友関係、社会的活動、スポーツや趣味のサークルなどでろう者が集まり、ろう者同士が結婚することが多い地域もある。このような手話という言語を同じくするろう者の社縁的・血縁的な集まりをデフコミュニティという（亀井2006: 20）が、どこのろう学校出身であるかにより共通の知り合いがいるといった、ろう者の社縁的・血縁的な集まりの狭いデフコミュニティの特徴がある。それゆえに、クライエントが特定されやすく、守秘義務遂行上の問題が非常に困難である。

　たとえば、事例研究をおこなう場合には、事例の匿名化に十分な配慮をしないとクライエントが特定される可能性が高くなるため、対象者のプライバシー保護や人権配慮に心がけなければならない。

　最後に、③福祉サービスの貧弱さについては、聴覚障害者への社会福祉

サービスは、他の障害種別と比較して聴覚障害者人口が少ないために、社会福祉サービスの貧弱さがみられる。このような福祉行政の中で、聴覚障害者に関する理解を求めていく課題がある。

以上、聴覚障害者は少数派ゆえに、社会生活においてマイノリティの状況にあるため、聴覚障害ソーシャルワーカーは社会資源の発見・開発や聴覚障害についての説明や代弁に努めなければならない。

2. 聴覚障害者へのまなざしの変遷

本節では、聴覚障害者がどのように理解されてきたのか、その障害者観、いわゆる聴覚障害者へのまなざしがどのように変化してきたのかを考察する。障害をどのようにとらえるかといった重大なテーマにおいては、1980年WHO（World Health Organization：世界保健機関）が示したICIDH（International Classification of Impairments, Disabilities and Handicaps：国際障害分類）の3つのレベル（機能障害impairment、能力障害disability、社会的不利handicap）から、2001年には障害の社会モデル視点が含まれたICF（International Classification of Functioning, Disability and Health：国際生活機能分類）へと大きく変化してきている。ICIDHが障害のマイナス面のみをとらえ、障害レベルの関連を示す矢印が一方向であったのに対して、ICFでは、機能障害を「心身機能・身体構造」に、能力障害を「活動」に、社会的不利を「参加」に置き換えて用いている。また、ICFは環境と人間が双方向に影響し合うという生活者の視点で障害をとらえており、「環境因子」「個人因子」といった「背景因子」も障害の構成要素に加えられている。

ICFの障害のとらえ方は聴覚障害者にも多大な影響を与えているが、それ以前においても、聴覚障害者に関しては以下に述べるように独自の障害者観の変遷を遂げてきている。

1 歴史的変遷

聴覚障害者が社会からどのようなまなざしでその障害を認知されてきたかに関し、Laneの論文（1984, 1990）をもとに、Wax, T. M.がまとめた「ろう者へのまなざしの史的変遷」（Wax 1995: 680）（表5）を引用し、紀元前の古

《表5》ろう者へのまなざしの史的変遷

歴史的視点	仮定条件
アリストテレス学派の見解 　おし ＝ 良識のないこと 　声を出さないこと ＝ 知性の欠如	欠損仮説
聖書の見解 　恥辱の印、優雅からの脱落 　罰すべき罪 　神や悪魔からのメッセージ	道徳的仮説
医学的見解 　聴覚病理の認知と発見 　ろうへの医療的試み	疾病（病理）モデル
リハビリテーションの見解 　聴能学、聴覚機能の再生 　初期目標：雇用 　後期目標：自立生活	代償仮説
文化的マイノリティとしての見解 　社会政治的実体としてのろう文化 　弾圧、差別	文化モデル
文化的多様性の見解 　多数の中の一つとしてのろう文化 　多くの中の一つ	差異仮説

（Lane 1984, 1990 の論文から Wax 1995: 680 の表に筆者加筆）

代ギリシャ時代から現在までの聴覚障害者に対する障害者観の変遷を概観する。原文がろう者を表現する大文字の D で始まる Deaf 表記となっているため、ここでは「ろう者」を使用して Lane の説を紹介する。

　Lane は Eriksson の説（Eriksson 1998=2003）を引用し、以下のように論述している。まず、古代ギリシャ時代においては、哲学者であるアリストテレスにより、その当時のろう者観を窺うことができる。Eriksson によるとアリストテレスは紀元前 355 年にろうであることとその結果とをより詳細に検討した最初の人物であるという。

　また、アリストテレスは『動物誌』第 4 巻第 9 章に「生まれつきの聾者は、みな啞者であり、彼らには声があるが、話し言葉は奪われている」と紹介している。また Eriksson は、アリストテレスは「聾者は理性を欠いており、彼らを教育することは不可能な課題である」とし、その当時は「聴覚が学習にとって最も重要な回路」と考えていたため、「聾は完全に教育不可能である」と認識していたと指摘している（Eriksson 1998=2003: 30-31）。それゆえ、古代ギリシャ時代においては、「おし＝良識のないこと」「声を出さない

こと＝知性の欠如」であると考え、人間にとって明らかに欠損した状態であるという「欠損仮説」でろう者を認知していたことが窺える。欠損状態は補えるものではないゆえに、ろう者を一人の完成された人間としてのまなざしではみられていなかった時代であるといえる。

次に、聖書による見解については、先のアリストテレス学派の見解に道徳的価値観を加えた、すなわち「道徳的仮説」となっている。キリスト教社会でのろう者へのまなざしは、教会の司教であったアウグスティヌスの記録により理解できるとし、アウグスティヌスの考えはアリストテレスとほぼ完全に一致しており、「あらゆる学習は耳を通してなされるに相違ないと考えていた為、ろう者は信仰を持ちえない」と考えられていたと、Eriksson は指摘している（Eriksson1998＝2003: 37-38）。耳が聞こえないことは「神や悪魔からのメッセージ」ととらえ、「罰すべき罪」であるという見解にまで至っている。そしてキリスト教の教えに従い、ろう者に対しては慈善的な態度で、援助や食べ物を与えることが美徳であるという聴者側の視点が示されている。

近代に入り、ろう者へのまなざしに大きな変化がみられたのは、医学の進歩による影響であり、「聴覚病理の認知と発見」により「ろうへの医療的試み」が可能になったのである。医学の進歩に関する詳細はここでは省くが、たとえば伝音性難聴の治療が可能となり、また最近では人工内耳の埋込手術が可能となったように、医学的治療が困難とされていた感音性難聴に関しても医学的治療の対象となってきたのである。聞こえないことが動かしがたいことではなく、医学的に聴覚改善が可能となることで、ろう者へのまなざしも大きく変わることとなり、聴覚障害は疾病または病理の範疇に入っていき、「疾病（病理）モデル」ととらえられるようになったのである。

医学の進歩に伴い、聞こえの仕組みが解明されたことで、さらに補聴器の発明・開発へと進み、リハビリテーション的アプローチが可能となっていく。補聴器の開発や改良により、「聞こえないこと」を放置せずに補聴器を装用することで残存聴力を活用すること、すなわち「代償仮説」へと発展し、教育分野においても音声言語の獲得という大前提のもとで口話教育が主流となっていくという、歴史的発展プロセスがみられたのである。

このような歴史的変遷の中で、「はじめに」で説明した「ろう文化」の考

え、すなわち聴者社会に同化していくのではなく、手話を第一言語とする言語的少数者が独自の文化を形成するという文化的モデルが登場してきた。わが国において「ろう文化宣言」が登場したのは1995年でまだ日が浅いこともあり、必ずしもろう文化が完全な市民権を得たといえるものではない。そのため、現在のわが国はこの「文化モデル」(cultural model) の状況であると考えられる。

　しかし、アメリカにおいては、モザイク模様やサラダボールと比喩されるように、多民族・多文化社会であることも影響し、次の段階の「差異仮説」に基づいた文化的多様性の見解がみられるまでに至っている。アメリカにおいてろう文化が市民権を得て、ろう者の主張がみられるようになってきたのは1980年代初頭であり、定着したのは1980年代後半であるという神田の指摘（神田 2000: 71）があるが、多民族・多文化社会の中の一つとしてのろう文化の位置づけは、違った文化が多数存在する中での一つがろう文化だというこのまなざしが、差異仮説に基づいた新しい視点なのである。アメリカの歴史を振り返ると、たとえば、被差別・被抑圧的存在であった黒人に対して、"Black is beautiful" であるという一つの文化として認知されてきたのと同様に、聴覚障害者も "Deaf is beautiful" という新しい視点、すなわち聞こえない人たちは障害をもった存在ではなく、聴者とは違った文化をもつ人たちであるという差異仮説が登場してきているのである。"Encyclopedia of Social Work" (NASW 2005) の index を見ると、minorities の項目に多くの少数民族グループに関する記述がみられる。またインターネットでアメリカの大学および大学院のソーシャルワークに関するカリキュラムを検索すると、たとえば、アジア系アメリカ人（コリアン、ジャパニーズ、チャイニーズ、フィリピーノ）に対するソーシャルワーク実践の授業が講義内容に詳細に組み込まれているのがわかる。アメリカではこのようなマイノリティに対して、彼らの文化を尊重したソーシャルワーク介入を試みており、ろう文化も同様に、多数存在する文化の中の一つなのだというまなざしが存在しているのである。

　以上、Wax の作成した表をもとに、ろう者に対するまなざしの変遷を歴史的に概観したが、歴史とともに聴覚障害観が大きく変化してきているのが明白である。

2 病理的視点から文化的視点へ

次に、アメリカでの現在のろう文化に関する状況について考察する。アメリカを研究対象とした理由は、聴覚障害者の間では世界的に著名な、聴覚障害者のための世界で唯一の総合大学があること、そして聴覚障害者のろう文化の主張がみられるからである。

アメリカにおいてろう文化が主張される大きな要因は、文化の構成要素として大きな比重を占めるろう者の言語、すなわち手話に関する研究が早期にみられたことである。アメリカには前述したように、聴覚障害者の間では世界的に有名なギャローデット大学（Gallaudet University, 1864年設立）[6] がある。ろう教育分野では、1880年にミラノで開催された「国際ろう教育者会議」において口話の絶対性が確立されたために、アメリカでも19世紀の終わりから約90年間、口話が聴覚障害者の公式言語となっていた。しかし、ギャローデット大学内ではアメリカ手話（ASL：American Sign Language）が使用されており、当初から独自の文化が形成されていた。

1960年にギャローデット大学教員であるStokoe, W. が、手話に関する画期的な学術論文を発表し、またその5年後にはアメリカ手話の辞書を発行したことが契機となって手話研究が進み、手話が独自の文法や言語体系をもつ独立した言語であることが明らかになっていった。手話が手まねではなく、ろう者の独自の言語であるということが確認されていくと同時に、大文字のDで始まるDeafがろう文化やデフコミュニティをもつ文化的アイデンティティ者としてのろう者を表すという新たな視点を、Woodward, J. が1972年に発表している。また、1981年にはGannon, J. R. が共通の言語である手話を使用し、共通の文化を共有するという社縁的な集まりであるデフコミュニティに関する最初の書物を出版するなど、新たな視点がアメリカにおいて登場してきたのである。

これらの研究の潮流とともに、1988年ギャローデット大学で、理事会が聴者の学長を選出したことに対し、学生たちがDeafの学長を求めた運動、すなわちDPN運動（Deaf President Now：「今、Deafの学長を」）が起こっている。この運動はろう者のパワーの表現、すなわち自分たちが言語的少数者（マイノリティ）であるとのアイデンティティを明確に社会にアピールしたも

のであり、2年後のADA（Americans with Disabilities Act：アメリカ障害者法）制定に促進効果があったともいわれている（Shapiro1993=1999: 117）。

　また、ろう者はろう文化をもつ言語的少数者であるとの積極的な論を展開しているLaneが、病理的視点である医学モデルに対する文化モデルを提唱する論文を発表したのが1990年であった。他にもLaneは、ろう者により構成されるろう者社会はエスニック集団と同様であるととらえ、10の共通点を提示して説明している。彼の主張は「大多数の者が聞こえる聴者社会の中で、ろう者は耳が聞こえないというハンディをもつ者ではなく、アフリカ系アメリカ人、ヒスパニック系アメリカ人、アジア系アメリカ人などといった多文化社会を構成しているエスニック集団と同様であり、ろう者はデフ系アメリカ人である」（Lane 2005: 304）というもので、ろう文化運動（Deaf Movement）ともいえるものである。

　大学においてはろう者に関する研究であるろう者学（Deaf Studies）が盛んであり、ろう者学を開講している大学がアメリカでは6大学と5カレッジあり、イギリスでも5大学と2カレッジある。ろう者学の中にはろう文化に関する研究があり、論文や書物の発行も顕著である。2006年にはギャローデット大学の学生が再び学内で起こした学生運動をマスメディアが取り上げており、ろう者のパワーが注目され、ろう文化推進論者の論文等により、言語的少数者としてのろう者研究がさらに盛んに論じられている。

　ギャローデット大学は単に聴覚障害者のための教育保障をおこなっているだけでなく、デフコミュニティやろう文化といった、ろう者自身に関する研究・教育を実践することにより、アメリカだけでなく世界中の聴覚障害者の社会的地位・生活の向上のために大きな役割を担っている。各分野のリーダー的存在となる卒業生を多く輩出しており、聴覚障害者にとって中核的な役割を担っている大学である。

　1960年代は黒人の公民権運動が盛んな頃だが、ろう者の場合も、Stokoeの手話研究に始まり、Woodwardが大文字のDで始まるDeafの存在アピール、ろう文化、デフコミュニティなどを紹介する論文を発表し、他の障害種別、たとえば重度身体障害者の自立生活運動とともに、新しい障害者観・ろう者観を生み出していくことになる。

　アメリカにおけるリハビリテーション関係職者のろう者への援助観を考察

した奥田（2002）は、1970年代においては、ろう者はリハビリテーションの対象者であったが、1980年代以降 Deaf ムーブメントが急速に広がっていった結果、ろう者＝障害者というカテゴリーを超えて、デフコミュニティの社会的認知に至ったと指摘している。障害学の医学モデル（medical model of disability）に基づくろう者観から、徐々に文化モデルのろう者観へと転換していったのである。その転換の加速度を高める契機になったのが、ギャローデット大学の DPN 運動である。

同大学の学生たちは、聞こえないことを障害ととらえず、一つの独立した文化ととらえ、Lane と同様にユダヤ人、アイルランド人、ナバホ系インディアンであるのと同じ（Shapiro 1993=1999: 131）と主張した。Deaf という表記は独立した文化集団であることを意味する時に使い、英語とは違った複雑な言語体系であるアメリカ手話を使い、独自の歴史や文化を所有しているのであり、deaf は聴力の状態を指す時だけに使うという考え方が定着していったのである。「障害」という用語は、医学的な観点からみた人間の状態をいい、聴力の欠如をこの「障害」としてとらえ、聞こえないことは更正が必要な病理と考える人びとが長い間ろう者を抑圧してきたことへの公民権運動が、ギャローデット大学の DPN 運動なのである。

ギャローデット大学の学生の一人は、「耳が聞こえないことは障害ではない。むしろ文化である。手話は別の言語であって、私は耳が聞こえないことを誇りに思っている。もし万が一耳が聴こえるようになる薬があっても、決して飲まない。決して死ぬまで絶対飲まない」といっている（Shapiro 1993=1999: 131-132）。

DPN 運動が起こったこの時期は、①カリフォルニアを中心に起こってきた重度身体障害者の自立生活運動の影響や、②技術革新により TDD（ろう者用電話機）が流通し始め、ろう者のコミュニケーション保障が進捗していったこと、③以前は CODA（Children of Deaf Adult：家族にろう者がいる聴児）の役割だった手話通訳が職業として確立するようになったこと、④1988年頃には、全国ネットのテレビ局とケーブル、公共テレビを合わせて、週に180時間の字幕放送が放映されるようになっていたこと、⑤ろう者の社会参加の機会が拡大したことなどが背景にあり、学生たちがろう者としてのアイデンティティをもつことによい影響をもたらしたという（Shapiro 1993=1999:

130)。また、医療の進歩で死亡率が低下したことや、1964年から翌年にかけて風疹の流行があり、聴覚障害児の数が2倍になり、その結果ろう者の人口が増加し、ろう者のパワーに結びついたともShapiroは説明している。1980年代というのは、アメリカにおいて社会全体が変化し、人口増加や技術の進歩をもたらし、ろう者のマイノリティ意識、すなわち文化モデルのろう者観が定着していくことにつながっていった時代と考えられる。

以上、大文字のDで始まるDeafという文化モデルのろう者観が定着するに至った要因は、①ろう者のための総合大学であるギャローデット大学の存在、②DPN運動が聴者にとっても、ろう者のパワーを認識する契機となったこと、③Laneを代表とするDeaf研究が盛んにおこなわれたこと、④アメリカは多文化社会であるため、ろう文化が受け入れやすい、といった点を挙げることができる。

3. 聴覚障害者のろう文化

前節で述べたように、新たに登場してきた「文化的視点」であるが、その根幹をなすのが聴覚障害者のろう文化である。本節では先行研究をもとにろう文化について概説する。

①ろう文化の特性

ろう文化について考察する前に、まず文化について説明する。『広辞苑』（新村 2004: 2380）による文化とは、「①文徳で民を教化すること。②世の中が開けて生活が便利になること。文明開化。③人間が自然に手を加えて形成してきた物心両面の成果。衣食住をはじめ技術・学問・芸術・道徳・宗教・政治など生活形成の様式と内容とを含む。文明とほぼ同義に用いられることが多いが、西洋では人間の精神的生活にかかわるものを文化と呼び、技術的発展のニュアンスが強い文明と区別する」である。この説明の中でろう文化に関係する文化は、③に該当する。ろう文化研究者のPadden（1989=2001: 14）は、「文化とは言語、価値観、行動規範、そして昔からのしきたりなどを有する、ある集団の人びとが学習して身につけてきた一連の行動である。人は生まれた時点である文化に属し、その文化の規範に則して育てられ、個性と

か行動も所属する文化的価値観に影響されるものである」と定義している。

では、ろう文化とは具体的にはどのようなものか。ろう文化の定義で一般的に示されるのは、「ろう者たちによって習得され、共有され、伝達される行動様式ないし生活様式の体系」（亀井 2006: 66）というとらえ方である。ろう文化の議論のほとんどはアメリカにおいて発生・進展してきており、ろう者の集合的な生活の記述に関連して「文化」という語が最初に現れたのは Stokoe らの著作であり、イギリスで最初にろう文化にはっきり言及したのは 1981 年の Brien であるという（Ladd 2003: 367, 371）。その後は "Deaf Way" という表現が使われていたが、ろう文化（Deaf Culture）が使用されたのは、1988 年に出版された Padden らの "Deaf in America" である（森 2007: 734-735）。

さて、ろう文化を構成するのは何であろうか。表 6 にろう文化の構成要素に関する研究を示す。

聴覚障害者は日常生活ではろう文化だけに属しているのではなく、聴者の文化、すなわち聴文化にも属しているとの指摘もある。多数派の文化的影響力の大きさを考えると、ろう文化はほぼ確実に各国特有のものであるが、ある程度までは深い文化的共通性を示す特徴を共有しているという（Ladd 2003=2007: 633）。手話者はある音声言語をもつマジョリティの社会の中で生きているので、その文化ももっている。たとえば、日本手話を話すろう者は、日本のろう文化をもつと同時に、広い意味の日本文化ももっている。しかし、ろう者は自分が生きる国、あるいはコミュニティの文化ももつとはいえ、その文化の中の音に関連することは必ずしももっていないとの指摘もある（斉藤 2007: 44）。

斉藤は、「別の手話を持つろう者たちは、別の言語を持つという意味で、それぞれ別の文化を持つといえる」と、手話という重要な要素がろう文化を構成していると指摘している。また、ろう文化には慣習や価値観など広い意味での文化と、芸術や学術活動などの狭い意味での文化のどちらもが含まれているという（亀井 2006: 110）。

Padden によるろう文化の構成要素は、共通の歴史（common history）、認識傾向（set of ideas）、共通の習慣（common practice）、共通の感覚（a sense of commonality）、そして何よりも重要なのはアメリカ手話（ASL）であるとし

《表6》ろう文化の構成要素に関する研究

	研究者 (発行年：頁)／〈HPアクセス年月日〉	構成要素
1	Padden, C 〈2006.8.6〉※	①共通の歴史（common history） ②認識傾向（set of ideas） ③共通の習慣（common practice） ④共通の感覚（a sense of commonality） ⑤共通の言語としてのアメリカ手話（ASL）
2	亀井伸孝 (2006: 20)	①手話言語　②価値観　③慣習 ④物語　⑤知識　⑥歴史観 ⑦分類体系　⑧世界観　⑨帰属意識
3	New Zealand 政府機関 社会開発省 〈2013.9.24〉※	①ろう者の生活習慣（Deaf customs） ②独特の行動様式（mannerisms） ③芸術（art） ④ユーモア（humor） ⑤歴史（history）
4	Bristol 大学デフスタディーズセンター 〈2013.9.24〉※	①行動（behaviour）＝ルールと慣例 ②アイデンティティ（identity）＝態度とメンバーになることへの欲求 ③言語（language）＝伝達と文化の共有のための手段 ④歴史のフィーリングや知識（a feeling of history, a knowledge of history）
5	Hamill, A. C. & Stein, C. H. (2011: 390)	①社会規範（social norm） ②見解（views）ある特別な見方 ③価値（values） ④歴史的価値（historical figures） ⑤芸術（art） ⑥アイデンティティ形成におけるユニークな力 　（unique forces acting on identity formation） ⑦アメリカ手話（ASL）
6	Sinnott, C., Looney, D. & Martin, S. (2012: 2)	①独自の言語（own language） ②芸術（art） ③生活習慣（customs） ④ろう者としての自負（deaf pride）

※ろう文化の構成要素をレビューした結果、HP上のものが簡潔かつ明瞭であったため引用した。ろう文化に関する研究はLaddやLaneなど著名な文献があるが、構成要素に関する明確な記載はみられない。

ている。表6の他の研究者の説も含めてまとめると、ろう文化の構成要素は、①独自の言語である手話、②共通の生活習慣や行動様式、③共通の文化的価値観、④独自の芸術やユーモア、⑤共通の歴史観の5つにまとめることができる（原2008b: 240-241）。以下、それぞれについて説明する。

①独自の言語である手話

　手話研究により手話は科学的にも言語であることが実証されている（次項

の「2ろう文化の構成要素としての手話」参照）が、2006年末に国連で採択され、2008年発効した障害者権利条約には、第2条定義に「言語には、手話その他の形態の非音声言語も含まれる」とあり、手話は文法や独自の言語体系をもつ一つの言語であると明文化されている。独自の言語をもつことが独自の文化を形づくる大きな要素であることはいうまでもないことである。

②共通の生活習慣や行動様式

　ろう文化は視覚情報を中心とする文化である。常に相手の顔や動きが見えていることが基本となる。たとえば、話しかける時は相手の肩をたたく、拍手をする時は両手を上げてヒラヒラと動かす、物理的環境はできるかぎり視覚的に見えるようにするといったことが挙げられる。また聴文化とろう文化の明確な違いとして、腕を組むという動作については、聴文化では尊大な態度とみられ、一般的にはマイナスイメージがあるが、ろう文化では、腕を組んでいる時は手話ができないから、相手の話を一生懸命聞いているという意思表示になるといった例がある（木村2007: 223-226）。

③共通の文化的価値観

　手話に価値をおく、ろう者独特の時間感覚（国民性の違いなどでよく説明される観点であるが、ろう者も同様に聴者とは違う時間感覚があるという）などがあり、聴文化は察する文化であるが、ろう文化は言語化する文化であるとの指摘もある（木村2007: 16）。

④独自の芸術やユーモア

　冗談や視線の使い方などに特徴があり、ろう者による演劇やろう文化固有のユーモアがある。手話の韻を踏んだ優雅な手話ポエム、ろうの内面を描いた絵画、デフ・ジョークなどのDeaf Art（デフ・アート）というジャンルがある（木村2010: 459）。

⑤共通の歴史観

　ろう者自身がつくり上げてきた歴史そのものである。

　以上のように、構成要素からろう文化を説明することができる。前述したろう文化の5つの構成要素の中から、特にろう文化共通の生活習慣や行動様式、ろう文化的価値観について、さらに例を挙げて説明する。

　聴文化とろう文化との間には、意味が違うことで齟齬が生じることがあ

る。たとえば、ろう者と聴者の言葉の間にはさまざまなズレがあるという（関西手話カレッジ 2009: 64）。例として、日時に関しては、「3月中に提出のこと」という場合、ろう者は「3月中頃」「3月中旬」の意味と解釈し、3月15日に提出する。聴者は3月中だと3月31日までに提出しようとする。また、「2時10分前に集合」という場合、聴者は1時50分に集合するが、ろう者は2時10分の前だから、2時7分に行けばよいと解釈するように、言葉の意味のとらえ方に食い違いが生じることが多いという。

　このように、ろう文化と聴文化の間にはかなりの相違点がみられるわけであるが、ろう文化の存在すら理解していない聴文化主流の職場においては、さまざまな問題点が生じてくるのは当然でもある。

　他にも、聴覚障害者のコミュニケーション上の問題事例として次のような話がある。ろう者が急に腹痛になり、通訳依頼する時間もなく一人で病院に行き、胃カメラ検査を受け、そして医者と筆談した。診察の最後に、「自分は癌ですか」とろう者が聞くと、医者は「癌であるとはいいきれない」と書いた。手話通訳者なしでこのメモを見たろう者はショックを受け、帰宅後、ソーシャルワーカーのところに駆けつけて、「自分はもうじき死ぬから、財産問題の相談をしたい」と言う。ソーシャルワーカーが「まさか医者が死ぬなんて簡単に言わないはずである。間違ったのだろう」と言うと、筆談したメモを見せてくれた。その筆談のメモを手話でやってみるように促すと、「自分、癌、だから、言ってももう切れない。手術ができない」と手話表現をした。「私の癌は重くて、言っても無駄。もう切れない、手術ができないから無駄」と間違った解釈をしてしまったらしい。手話通訳者と一緒ならば、癌であるかどうか、まだ決まらない、わからないというような表現で簡単に伝えることができるだろうが、日本語の言語レベルが十分育っていない聞こえない人の場合、このような問題が出てくることがあるという（野澤 2001: 18）。

　また別の事例では、これも病院の例であるが、血圧が高いからと医者が筆談で「塩分をひかえてください」と書いてくれた。手話通訳者が一緒の場合は、「塩分をひかえてください」という表現のかわりに、たとえば、みそ汁は少なくとか、醤油は少なめになど、具体的な説明を医者に求めるが、「塩分をひかえてください」というように筆談するだけだったり、またその言葉

をそのまま手話通訳すると、本人は、実際の塩だけがダメだと理解し、みそ汁やマヨネーズ、醬油もダメという理解には結びつかないことがあるという（野澤 2001: 18）。手話と日本語はそれぞれ別の独立した言語であることを理解できていないと、このような齟齬が生じてしまうのである。

　日本とは違いアメリカは多文化社会ゆえに、聴覚障害者のろう文化の認識が広まっていると考えられる。EBSCOhost を使い、"deaf culture" で検索（2013年3月12日）すると 197 編の論文ヒットがあった。CiNii 検索でわが国の「ろう文化」の論文検索をすると 78 編のヒットという数の違いからもわかるように、アメリカでは多くのろう文化視点の発信がおこなわれている。日米の人口比を考えると、アメリカの論文数を単純に日本のそれと比較できないにしても、この公表数の多さから、ろう文化がアメリカ社会に浸透するであろうことは窺い知ることができる。

　しかし、このようなアメリカにおいても、完全なる理解を実現できているかというと残念ながらそのレベルまでには至っていない。絵本の中の聴覚障害児・者の描写に関する Golos らの調査によると、子どもの精神発達に重要な役割を占める絵本における聴覚障害児・者の描写は、ほとんどが病理学的な視点であり、文化モデルの描写の絵本は非常に少ないという。病理学的な描写としては、聴覚障害者が周りの人に溶け込めず孤立する様子や、オージオロジストや医者が聴覚補償をする場面であり、調査対象の絵本全体の 93% を占めていた。文化モデルに関係する描写は、アメリカ手話の使用、ろう学校での様子、人を呼ぶ時に机などをたたくというろう文化の行動様式で、全体のわずか 7% という結果（Golos ら 2012）であった。

　幼児は、絵本から多大な影響を受けるものであり、子どもの自己肯定感の発達にも関係する。マジョリティに属する子どもはよいが、ろう者のようにマイノリティの場合、肯定的（positive）な役割モデルを絵本からは得にくい。さらに 90% のろう児の親は聴者なので、ろう文化などの情報が入らない。そのため積極的文化役割モデル（positive cultural role model）を得られないと Golos らは結論づけている。

　親から子どもへ伝承されるのが一般的な文化の伝承パターンであるが、ろう文化の場合は親が聴者であることが多いために、親から子どもへの伝承ではなく、ろう学校やデフコミュニティで伝わる構図となっているのがろう文

化の一つの特徴でもあり、文化の伝承パターンが独特だということがろう文化の核心にある（Padden1988=2003: 22）。

2 ろう文化の構成要素としての手話

　ろう文化の構成要素の一つとして、重要かつ欠くことのできない手話について説明する。手話に関する研究は、1960年にStokoeが手話を詳細に要素に分解して分析をおこなったのが始まりである。その成果が発表されるまでは、言語に必須の条件である文法が手話にあることが認識されず、単なるジェスチャーや身振り言語としてみられていた。

　しかし現在では手話学研究が進み、音声言語と同じく手話にも二重分節性（意味をもつ最小単位の形態素と、発音できる最小単位の音素からなる言語の特徴）が備わっており、複雑な言語構造（音韻・文法・語彙の各体系）をもつことが知られるようになってきている（木村2010: 458）。また、手話の言語的特徴として、記号の相似性・有契性・視覚性・図形性、メッセージの同時性が指摘されている（米川2002: 142-159）[7]。

　このような「手話は自然言語である」との認識は、言語学研究者間では現在では自明となっている。また、前述したように障害者権利条約第2条には、「言語とは、音声言語及び手話その他の形態の非音声言語をいう」と明記されており、「手話が言語である」ことに異を唱える者はいない。欧米では、大学において手話が語学の単位として認定されており、日本においても、福祉系の学生限定ではあるが、関西学院大学が手話を第二外国語科目の一科目として学習できるカリキュラムを2008年度から開始している。他にも、近年少しずつ語学科目として「手話」を開講する大学が増えてきている[8]。

　さらに、脳科学研究のアプローチからも、手話が言語であることの立証がおこなわれている（酒井2002: 267）。手話の脳での処理は、基本的に音声言語と変わりなく、たとえば、手話でも言語中枢のある左脳の損傷で失語症が起こるということが指摘されている。音声言語は聴覚を通して脳に入るのに対して、手話は視覚を通して脳に入るので、感覚入力の部分の処理は違うが、普通言語としての処理は共通しているという。

　手話には、表7に示すように、日本手話、日本語対応手話、そしてその混

《表7》 手話の類型

名　称	文法と用法	特　徴
日本手話 （伝統的手話）	・音声を伴わない手話。 ・手指動作だけでなく、同時に「非手指動作」という、顔のさまざまな部位（眉、顎、目、唇、舌）の動きを微細に調整しつつ、それを重要な言語要素（文法標識）として使用する。 ・非手指動作の活用も含め、使役や受け身、条件節等、音声言語とまったく同等の複雑で精緻な言語内容を表現している。	・日本語とはまったく異なる独自の文法構造を持った別の自然言語。 ・言語習得の臨界期を過ぎた学習者が習得するのは大きな困難を伴う。日本手話の母語話者と同じレベルで流暢に使用できるまでに熟達するのは不可能に近い。
中間型手話 （口話併用手話）	・日本手話と日本語対応手話の混合型。	・優勢言語の日本語の文法を簡略化し、劣勢言語の手話単語を利用している点では、ピジン言語[9]の特徴あり。
日本語対応手話 （同時法手話）	・基本的に音声とともに表出される。 ・日本語の文法構造にのっとり、そこに手話単語を並べていく。 ・テニヲハ等の助詞は手話では表わされず、その部分は音声のみになる。	・音声日本語に合わせるかたちで、内容を部分的に手話言語で表わしたもの。 ・手話単語さえ覚えれば、比較的たやすく使えるようになる。

（上農 2003: 140-141、神田 2000: 72-74 をもとに筆者作成）

合型である中間型手話の3つの類型を示すことができる。手話使用者は時と場合によってこれらの手話を使い分けることもあり、実際は連続的な特徴もあり、あえて類型する必要はないとの考え方もある（亀井 2009: 50）。また、ろう者も口話を使用したり、中間型手話を使用したり、日本手話を使用したりと、多言語使用者が多い（神田 2000: 74）という指摘もある。

　日本語対応手話ではなく日本手話を使用することがろう文化の構成要素であるとの指摘（木村 2000: 8）があることで、次項3で説明するような難解なろう文化に関する論議があるが、現実的には手話通訳者の多数が日本語対応手話使用者であり、日本手話ができる手話通訳者は数少なく、日本手話使用者のろう者の子どもである CODA（Children of Deaf Adult）がほとんどである。テレビや政見放送などの公の場で使用される手話は、多くが日本語対応手話である。全日本ろうあ連盟は、日本語対応手話も含めたものが手話である（全日本ろうあ連盟 2003、脇中 2009: 57）との見解を示しており、日本手話と

日本語とでは語順が違うという特質から生まれた日本独自の現象があるが、日本の手話通訳者のほとんどは日本語対応手話を使用している。

　また、アメリカではアメリカ手話も英語対応手話も使用されるといったように、国や地域によっても違っている。手話を公用語として法的に認可している国もある[10]。アメリカでのスクールソーシャルワークに関するSinnottらの論文によると、独自の言語として、アメリカ手話、英語対応手話（Signed English）、トータルコミュニケーション（Total Communication）、口話（Oral Communication）、キュードスピーチ（Cued Speech）を挙げており、アメリカ手話だけに限定するのではなく、あらゆるコミュニケーション手段を含めている。

　手話という独自の言語をもつ聴覚障害者とは違い、他の障害種別、たとえば視覚障害者の場合は文化という点では「盲文化」を指摘する意見もあるが、聴覚障害者のろう者学のような盲者学ないし盲人学はないという。その理由として、やはり手話という言語が発見されたことにより、ろう者学という学問領域をつくることができたとの指摘がある（星加 2009: 74）。

　世界中には現在6912種類の言語があり、手話は119言語あるという。「日本手話」「韓国手話」「中国手話」「インド手話」「イギリス手話」「アメリカ手話」「ケニア手話」といったように国の名前がつけられていることが多い。また、タイのように「タイ手話」「チェンマイ手話」「バンコール手話」と、一つの国に手話が2つ以上ある国もある。音声言語のアメリカ英語はイギリス英語と似ているが、「アメリカ手話」と「イギリス手話」とは似ておらず、どちらかといえば、「アメリカ手話」は「フランス手話」に似ている。その理由は、フランスのろう学校の教師をアメリカに招いたことをきっかけにアメリカ手話が生まれたからだといわれている（亀井 2009: 146-152）。

3 日本におけるろう文化の状況

　「ろう者とは、日本手話という、日本語とは異なる言語を話す、言語的少数者である」。この文は、「耳が聞こえないことは欠陥であり障害である」という従来の病理的視点を脱して、日本手話を使用するろう者は聴文化とは異なる独自のろう文化をもつという、社会的・文化的視点に基づき、1995年に「ろう文化宣言」と銘打ち、わが国で紹介されたものである（木村・市田

2000: 8)。この「ろう文化宣言」は、ろう者だけをろう文化で語ることは聴覚障害者を分断することになるとの批判や、日本語対応手話を含まず日本手話だけに限定することに関して手話論争を引き起こし、またろう文化は日本文化の下位文化であるといった指摘などもあり、わが国ではどちらかというとすんなりと受け入れられたとは言い難い状況から始まっている（現代思想編集部2003）。

　木村らが主張するろう文化は、日本手話に限定している。言語学的観点からいえば、確かに日本手話は日本語とは違う独自の言語であり、日本語対応手話は日本語に合わせた手話表現である。アメリカ、イギリスにおいては、それぞれアメリカ手話、イギリス手話（BSL）といった日本手話と同じものがろう文化の構成要素に挙げられている。

　その後は、ろう文化に関する研究文献も多く発表されるようになってきている（木村2007, 2009; 亀井2006; Ladd 2003=2007; Lane 1999=2007; 原2008b; 澁谷2009）。

　また、障害者権利条約の第30条の4項には、「障害者は、他の者との平等を基礎として、その独自の文化的及び言語的な同一性（手話及び聾文化を含む。）の承認及び支持を受ける権利を有する」（外務省2015）とあり、聴覚障害者にとっての言語である手話やろう文化は世界的にも認知される方向に進んでいる。特に手話に関しては、再度説明するが、第2条定義に「言語とは、音声言語及び手話その他の形態の非音声言語をいう」とある。

　しかし欧米では、特にアメリカやイギリスにおいては、ろう文化や言語的マイノリティとしての主張は、わが国と違い認知度は高い。英米は、多文化社会であるだけでなく、障害そのものを研究対象とする障害学研究が盛んで、大学でのろう者学の専門コースもある。障害は個人の産物ではなく社会的につくられたものであるという社会モデルや、障害を文化的視点でとらえる文化モデルといった新たな視点で障害が論じられている。従来の医学（欠損）モデルではなく、新たな文化モデルで語る研究基盤があることが、ろう文化やマイノリティの視点が受け入れられやすい理由の一つと考えられる。

　日本のろう者について研究をしたナカムラが、一番興味をもったこととして、日本の中年層のろう者たちがアメリカとは違う声をあげていたことを、次のように指摘している。

「その中年層の人たち、主に全日本ろうあ連盟を中心にリーダーシップをとっている人たちですが、彼らは、『自分たちは日本人で、日本手話も日本語の一部であり、日本語というものが日本列島で話されている言語だとしたら日本手話も日本語だ。日本語じゃないというならそれは差別だ。日本の教室で日本語しか許されないのなら日本手話も日本語だから教室で日本手話を使ってください』というおもしろい論法を使っていた」という（ナカムラ 2009: 59）。

わが国では、いまだろう文化を「宣言」せざるをえない状況にあることは否めないが、今後はさらなる知見を得て、ろう文化が聴文化とは違った存在として定着していくことになるであろう。障害者権利条約において手話が言語として認められたことで、手話で教育を受ける権利や手話をろう者の言語と認める言語権（linguistic rights）については前進したが、特別支援教育においてインクルーシブ教育が原則となり、制度が変わってろう学校が特別支援学校になったことでろう文化を特化することが難しくなり、ろう文化をろう者独自の文化として認める文化権（cultural rights）に関しては課題が残っている。

1880年に開催されたミラノ会議以降、手話でのろう教育が禁止されてきた世界的状況の中、日本においても同様に口話教育が実施されてきた。その中で1960年に手話が科学的にも言語学的にも一つの自然言語であり、手話を使用する独自のろう文化が日本でも紹介され多様な状況を呈している。全国ろう児をもつ親の会が、手話で教育を受けることはろう児の権利であるとの見解から、2002年「ろう児の人権宣言」を発表した（全日本ろう児をもつ親の会 2004: 3, 2006: 5）。翌年5月には全国のろう児とその親107人が、ろう児の言語である日本手話による教育を求めて、5年の歳月をかけて人権救済申立をおこなっている。

第2章1の「1 聴覚障害者の多様性」でも説明したように、聴覚障害者の実態は多様であり、ろう文化に対する当事者の親和性も多様であり、ろう文化の有りようやとらえ方も多様な面がある。

注
1 植村による分類の詳細を示す。

①医学的分類

伝音性難聴	外界から空気の振動である可聴音（20～20,000 Hzといわれている）が外耳と中耳を通して内耳へ伝えられた時、外耳・中耳・蝸牛窓・前庭窓のいずれか、またはそのすべての機能不全のために音がうまく伝わらない。
感音性難聴	内耳から聴神経における神経性の難聴で、音の電気信号を脳へ伝える神経がうまく働かないために起こる。
混合性難聴	伝音性難聴と感音性難聴がある場合の聴覚障害。

② WHOによる国際障害分類（ICIDH, 1980年版）

4. 聴覚前庭系の機能障害	聴力障害 40 聴覚発達の全面的または最重度の障害 41 最重度両側聴力障害 42 一側耳は最重度聴力障害、反対耳は準重度聴力障害 43 準重度両側聴力障害 44 一側耳は最重度聴力障害、反対耳は中等度ないし、より軽い聴力障害 45 その他の聴力障害 その他の聴覚障害および平衡障害 46 語音了解度の障害 47 その他の聴覚障害 48 前庭・平衡機能の障害 49 その他の耳性障害

現在は、2001年にICFが採択され、厚生労働省は「国際生活機能分類——国際障害分類改訂版」の日本語版を発表している。ICFは生活機能というプラス面からみるように視点を転換し、さらに環境因子等を加えたものになっている。

③教育的分類

1. 言語概念習得時期による分類	*言語概念習得前の聴覚障害者（音声言語の基本的な概念を習得する以前に重度の聴覚障害が発生した場合）
	*言語概念習得後の聴覚障害者（音声言語の基本的な概念を習得した後に重度の聴覚障害が発生した場合）
2. 聴覚を用いて音声言語を習得可能かどうかによる分類	*難聴者（補聴器を装用して音声言語を習得し、コミュニケーションも音声言語を中心におこなう者）
	*ろう者（聴覚を通して音声言語を習得できず、手話を含む視覚的な言語でコミュニケーションをおこなう者）

④身体障害者福祉法による身体障害者手帳等級表

等級	聴覚障害
1級	（発声が極めて不明瞭で、さらに2級の聴覚障害があるもの）※
2級	両耳の聴力レベルがそれぞれ100デシベル以上のもの（両耳全ろう）
3級	両耳の聴力レベルが90デシベル以上のもの（耳介に接しなければ大声語を理解し得ないもの）
4級	1. 両耳の聴力レベルが80デシベル以上のもの（耳介に接しなければ話声語を理解し得ないもの） 2. 両耳による普通話声の最良の語音明瞭度が50パーセント以下のもの

④身体障害者福祉法による身体障害者手帳等級表（つづき）

等級	聴覚障害
5級	
6級	1．両耳の聴力レベルが 70 デシベル以上のもの（40 センチメートル以上の距離で発声された会話語が理解し得ないもの） 2．一側耳の聴力レベルが 90 デシベル以上、他側耳の聴力レベルが 50 デシベル以上のもの

※聴覚障害 2 級と重度の言語障害が重複する場合は 1 級となる。

2　デフファミリーとは、ろう者のみ、もしくはろう者を含むメンバーによって構成され、手話が家庭内の共通言語として使用されている家族をいう。手話だけでなく、ろう者に特有の生活習慣やろう文化も、家庭内の年長者から年少者（親から子）へと伝達される。デフファミリーに生まれたろう児が聴者からみると複雑で難解な手話言語をごく自然に習得していく事実はよく知られている（河﨑 2004: 15）。

3　キュードスピーチとは、読話の補助システムとして開発されたもので、口形とキューの組み合わせ（相互補完）によって、スピーチが理解できるようになっている。読話の弁別としてだけでなく、発音の習得、発音指導にも有効であるとされている（草薙ら 2010: 66）。

4　1988 年に発足した人工内耳友の会（ACITA：Association of Cochlear Implant Transmitted Audition）によると、1985 年 12 月に第 1 号の人工内耳手術が実施されてから、2006 年 4150 人、2010 年 6500 人と増加傾向にある。

5　他障害もマイノリティであるという指摘がある。たとえば、視覚障害者も 18 歳以上 31 万人、18 歳未満 4900 人で、聴覚障害者とそう大きな違いがない（厚生労働省「身体障害児・者実態調査 2006」によると聴覚障害者数は、18 歳以上 34 万 3000 人、18 歳未満 1 万 7300 人）。ただし、聴覚障害者は手話を使用するなど、独自のろう文化がある点では、同じマイノリティの存在であっても状況は異なる。

6　アメリカにはギャローデット大学の他に、聴覚障害者が多数入学しているロチェスターろう工科大学、カリフォルニア州立大学ノースリッジ校・サンホゼ校がある。また、ADA（アメリカ障害者法）により情報保障ならびにコミュニケーション保障が義務づけられているため、ギャローデット大学だけが聴覚障害者のための大学ではない。しかし講義がすべてアメリカ手話でおこなわれ、学生のほとんどが聴覚障害者であるということで、唯一の総合大学と記した。日本には国立大学法人筑波技術大学（3 年制の短期大学であったが、2005 年 10 月より 4 年制大学となった）があるが、専攻学科数は少なく（入学定員は 50 人）、ギャローデット大学のような総合大学ではない。

　ギャローデット大学では、修士・博士課程をもつ大学院は聴者も入学可能であるが、学部は新入生の 5％しか聴者の入学が認められておらず、原則は聴覚障害者を対象とす

る大学である。講義はすべてアメリカ手話が使用されており、2003年の資料によると、秋学期の登録学生数は、学部生1236人、院生506人、手話・専門研究生70人で、留学生は総数の11％となっている。また同年の教員数は292人で、そのうちの約40％はろう者・難聴者である。教員のみならず、図書館職員をはじめ、カフェテリアや売店の店員、ガードマン、清掃員などにもろう者が多く採用されており、大学の中に一つのデフコミュニティが形成されている。

同大学は連邦政府の認可により設立されており、現在も大学予算の約70％が国の補助で運営されている。総合大学ゆえに開講されている学科専攻は幅広く、大学院には、管理と監督学、カウンセリング、教育学、オージオロジー、言語学、手話通訳、体育レクリエーション、手話学、臨床心理学、学校心理学、ソーシャルワーク、言語病理学などの専攻課程、学部にはアメリカ手話学、障害学、コミュニケーション学といったギャローデット大学特有の科目もあるが、それ以外は総合大学らしく多様な科目が開講されており、「聴覚障害者のための総合大学」と称されるとおり、世界中からこの特色ある大学に聴覚障害関係者が集まってきている。

この大学の歴史に関しては、Shapiro（1993=1999: 132-150）が詳しい。その他に大学院ソーシャルワーク専攻学生便覧、大学ホームページ内の歴史に関する部分を参考にした。

7　米川（2002: 142-159）を引用し、手話の言語的特徴を簡単に説明する。
①「記号の同時性」とは、手話単語を構成している4つの要素「手の形」「手の位置」「手の動き」「掌の向き」が同時に組み合わさって1つの単語をつくっていること。
②「記号の有契性」とは、語形と意味との間に必然性がないことを指す恣意性に対する概念。たとえば、犬を日本語で「イヌ」といっても語形と意味との間に必然性がないために、世界の他の言語では「イヌ」とは言わないが、手話では犬の耳の形と動きで表現するというように世界的に共通性がある。
③「記号の視覚性」とは、手話は視覚に入るもの（表情・視線・上体移動・運動方向・位置）を利用することで、文法的機能や意味の区別に役立てること。
④「記号の図形性」とは、漢字が図形的特徴をもっているように、手話もそれに共通した特徴をもっていること。
⑤「メッセージの同時性」とは、音声言語は同時に複数のメッセージを発することができないが、手話は腕を2本使い、同時に複数のメッセージを発することができること。

8　他には、四国学院大学、立教大学、東京経済大学、東京大学教養学部が、手話を語学科目として開講している（澁谷2011: 11および各大学ホームページ）。

9　共通言語をもたない2つの人間集団が接触した場合に、限定的な意思疎通手段として新しい言葉が生まれるが、その「接触言語」（contact language）をピジン言語という（上農2003: 10）。

10　手話に関する世界の動向を表にすると次のようになる。

年月	国	内容
1960	アメリカ	手話を言語学的に分析した書物が初出版
1981	スウェーデン	「手話をろう者の第一言語とする」と議会決定 世界初の手話公用語認知の国となる
1982	デンマーク	コペンハーゲンのろう学校でバイリンガル教育導入
1983	スウェーデン	「授業では手話とスウェーデン語の書き言葉を用いる」と、ろう児や難聴児のためのカリキュラム改訂で明記
1984		UNESCO報告 「手話は正当な言語として認められるべきであり、多くの言語と同じ地位が与えられるべきである」
1980年代末	アメリカ	バイリンガル教育を実施するろう学校が登場
1993		国連採択「障害者の機会均等化に関する標準規則」 手話使用、手話通訳の必要性を明確に提示
1994		サラマンカ宣言「聴覚障害児が自国の手話で教育を受ける権利がある」と明記
1995	ニュージーランド	ろう学校にバイリンガル教育を導入
	ウガンダ	議会において手話を公用語として認める
1999.8	フィンランド	手話を憲法で認知
1999.8	スロバキア	「ろう者の手話」と題する手話に関する独立した法律を施行
1999.10	ウガンダ	手話を憲法で認知
2003.3	イギリス	政府がイギリス手話を言語として認知
2003.4	メキシコ	メキシコ手話をろう者の「国語」とする法案可決
2004.4	ニュージーランド	ニュージーランド手話法案、国会に提出
2004.6	台湾	国家言語発展法草案に手話を明記。手話認知の方向へ
2004.10		国際的な手話言語学会創設
2005.3	ベルギー	フランドル地方のフラマン手話の認知を求める嘆願署名を議会に提出
2006.4	ニュージーランド	手話言語法が制定され、正式に公用語となる

(筆者作成)

　上記の表は多数の文献からの情報を集めて作成したものであるが、以下に示す情報もある。

　日本弁護士連合会によると、憲法で手話を保障しているのはフィンランドとウガンダで、国内法的に手話を保障する法制をもつのは、スウェーデン、カナダ、オーストラリア、オランダ、スロバキア、ベネズエラ、ニカラグア、中国、タイ、モンゴル、フィリピン等である（日本弁護士連合会2005）という。また、世界ろう連盟（2007）の報告書では、法的に手話を認め、政府が手話を承認している国として44ヵ国をリストアップしている（全日本ろうあ連盟2007b）。障害者権利条約第2条の言語規定に手話が明文化されたことにより、今後さらに増加傾向にあるのは間違いない。

第3章　相談援助専門職であるソーシャルワーカー

1. ソーシャルワーカーとは

①ソーシャルワーカーの現状

　ソーシャルワーカーとは、生活上の困りごとを抱える人たちに対し、専門的に相談援助をおこなう専門職であり、日本においては、社会福祉士、精神保健福祉士がソーシャルワーカーとしての国家資格であると位置づけられている。

　相談援助の専門職、いわゆるソーシャルワーカーの資格制度は、1987年に制定された「社会福祉士及び介護福祉士法」がはじめである。第2条には社会福祉士の定義があり、「専門的知識及び技術をもって、身体上若しくは精神上の障害があること又は環境上の理由により日常生活を営むのに支障がある者の福祉に関する相談に応じ、助言、指導、福祉サービスを提供する者又は医師その他の保健医療サービスを提供する者その他の関係者との連絡及び調整その他の援助を行うことを業とする者」と規定されている。ただし、社会福祉士は名称独占であり、医師や看護師、薬剤師などといった業務独占の資格には至っていない。

　また、精神保健福祉士は、1997年に制定された「精神保健福祉士法」の第2条に定義があり、「精神障害者の保健及び福祉に関する専門的知識及び技術をもって、精神科病院その他の医療施設において精神障害の医療を受け、又は精神障害者の社会復帰の促進を図ることを目的とする施設を利用している者の地域相談支援の利用に関する相談その他の社会復帰に関する相談に応じ、助言、指導、日常生活への適応のために必要な訓練その他の援助を行うことを業とする者をいう」と規定されている。

　わが国においては、このように社会福祉士および精神保健福祉士の有資格者がソーシャルワーカーといえるが、2014年11月末現在の社会福祉士国家試験合格者の登録者数は17万7980人、同じく精神保健福祉士の登録者数は6万5024人である（社会福祉振興・試験センター2015）。

　これらの相談援助専門職であるソーシャルワーカーは、以下のさまざまな場で働いている。①福祉事務所、児童相談所、身体・知的障害者更生相談所などの社会福祉行政、②老人福祉施設、児童福祉施設、障害者支援施設などの施設や社会福祉協議会などの民間の社会福祉機関や組織、③MSW（医療

ソーシャルワーカー)、PSW (精神科ソーシャルワーカー) として勤務する医療分野、④その他に司法分野や教育分野で働くソーシャルワーカー、がいる。今日では、社会福祉士事務所を個人開業する「独立型社会福祉士」も登場してきている（社会福祉士養成講座編集委員会 2010: 178-185）。

2 聴覚障害ソーシャルワーカーの歴史と現状

障害者を対象とする「障害者ソーシャルワーク」についての研究は、わが国でもようやく散見されるようになってきた（松岡 2007; Oliver, M. & Sapey, B. 2006=2010; 松岡・横須賀 2011）が、まだ歴史は浅い。その理由は、障害者、とりわけ身体障害者や知的障害者への支援が、入所施設での完結的処遇に終始するために、レジデンシャルワークやケアワークが主流となり、ソーシャルワークは実際にはおこなわれてこなかったからである。「人と環境との交互作用」に介入するのがソーシャルワークであるが、入所施設の閉鎖的環境においてはソーシャルワーカーが介入することにはなりにくい。しかし、障害者総合支援法（旧障害者自立支援法）では、障害者が地域生活への移行を目指すようになり、ソーシャルワーカーの出番となってきたのである（松岡・横須賀 2011: 7）。地域移行が進むようになり、障害者も地域生活における人との関係づくりや交流などにより、「人と環境との交互作用」の視点が登場したといえる。

このように障害者ソーシャルワークの登場は、児童、高齢者などの他領域に比べると遅い感があるが、聴覚障害者に限っては様相が異なる。聴覚障害者を対象とする相談員がはじめて設置されたのは、1963年北海道旭川市の「ろうあ者相談員」である。この後、「手話ができる福祉司を」をスローガンに、全国で設置運動が起こった経過があり（木下武徳 2008: 146）、聴覚障害者への相談援助は比較的早くからおこなわれてきた。聴覚障害者の生活の場が、前述の他の障害種別とは違い、もともと施設内ではなく地域が主流であったためである。

ろうあ者相談員と呼ばれる聴覚障害者への相談援助をおこなう者は、現在、全国に約230人いる。ただし、法定化されていないため、「ろうあ者生活指導員」「聴覚障害者相談員」「手話相談員」などと呼称され、名称は統一されていない。

現在、聴覚障害者に対する相談事業としては、身体障害者相談員制度、情報提供施設における相談事業がある。身体障害者相談員は、身体障害者の地域活動の推進、更生援護に関する相談・指導などをおこなう。聴覚障害者に関する身体障害者相談員の場合は、ほとんどが地域の聴覚障害者協会の役員が担うことが多く、どちらかといえば日常生活の困りごとに対して相談に乗ってくれるという限定された役割を脱していない現状がある（日本聴覚障害ソーシャルワーカー協会 2010: 21）。当事者団体である全日本ろうあ連盟は、週3日以上勤務して相談活動に従事している者を「ろうあ者相談員」と規定している。

　全日本ろうあ連盟の調査（全日本ろうあ連盟 2007: 2-3）によると、制度として全国に配置されているろうあ者相談員の取得資格は、「社会福祉主事任用資格」が36.9％、国家資格である「社会福祉士」はわずか7.8％であり、ろうあ者相談員が相談業務の専門職であるとは言いがたい（木下武徳 2008: 147）。

　本研究における対象である、聴覚障害ソーシャルワーカーについて説明する。聴覚障害ソーシャルワーカーは、生活上の何らかの問題を抱える聴覚障害者への相談援助をおこなう専門職者である。ただし、聴覚障害ソーシャルワーカーといっても聴覚障害当事者だけを指すのではなく、聴覚障害者に関する専門的知識や技術を修得している聴者のソーシャルワーカーも含まれる。聴覚障害者のソーシャルワーカーは、①ピアの立場のソーシャルワーカーであり、②デフコミュニティに属する、または関係のあるソーシャルワーカーである。③自身もろう文化を背景に生活している。また、聴覚障害者のソーシャルワーカーはろう文化を背景とする手話使用者としては、「ネイティブ・サイナー」[1]であり、同じ文化圏内での生活者としてみれば、「ネイティブなソーシャルワーカー」ということができる。

　一方、聴者のソーシャルワーカーは、①ピアの立場ではないが、②デフコミュニティに属することが求められる。デフコミュニティには狭義と広義の2つのとらえ方があり、狭義のデフコミュニティとは、聴覚障害者のみで構成され、ろう文化にアイデンティティをもち、手話を第一言語として使用する者である。広義のデフコミュニティには、手話通訳者や聴覚障害者に専門的援助をおこなう人びとも含む（Wax 1995: 681）。狭義のデフコミュニティであれば、聴者のソーシャルワーカーは対象外となるが、広義のとらえ方

ではデフコミュニティの一員とみなすことができる。また、親が聴覚障害者である聴者のコーダは、この意味でいえば、聴覚障害者のソーシャルワーカーと聴者のソーシャルワーカーの中間に位置するといえよう。

　以上のように、厳密には聴覚障害ソーシャルワーカーといっても、さまざまな立場のソーシャルワーカーが存在するが、本研究では聴覚障害ソーシャルワーカーを「生活上の何らかの問題を抱える聴覚障害児・者へ相談援助をおこなう専門職者」と定義する。

　社会福祉士や精神保健福祉士といった国家資格を取得した、聴覚障害者を対象に相談援助をおこなっている相談業務担当者も少しずつ増加傾向にある。日本聴覚障害ソーシャルワーカー協会[2]は、社会福祉士、精神保健福祉士の資格を取得し、聴覚障害者への相談援助業務をおこなっている者に会員資格を認める専門職団体である。

　この協会の特色は、当事者である聴覚障害者も相談業務の有資格者として入会しており、10人の理事のうち8人が当事者で運営されている。このように、聴覚障害者を対象に相談業務をおこなう専門職による団体が設立されている理由は、聴覚障害ソーシャルワーカーが相談援助の専門職であるというだけでなく、手話や筆談などのさまざまなコミュニケーション手段を使用する聴覚障害者と、直接コミュニケーションする能力が求められているからである。

③ 養成制度からみたソーシャルワーカー

　社会福祉士、精神保健福祉士ともに、国家試験を受験し、合格後に登録をしてはじめて国家資格所持者となる。国家試験の受験資格を得るためには、指定科目ならびに指定された時間数の実習を、養成機関にて履修しなければならない。聴覚障害者に関する学修内容は、両資格ともにカリキュラム内容にはなく、障害者関係科目において、手帳制度や障害の実態などの学修において、少しばかり聴覚障害者について学ぶだけである。聴覚障害者の重要な手話についても、学修の規定はない。

　さらにこの資格制度は、前述したように、日本においては名称独占であり業務独占にはなっていない。このことは、聴覚障害者への相談援助をおこなうには手話通訳者を介在すれば問題なしととらえてしまう要因にもなってい

る。それゆえに、無資格者の相談員や、聴覚障害者の特性を理解できていない相談員であっても、制度的には何ら問題がないのが現状である。

　社会福祉士および精神保健福祉士の養成カリキュラムでは、障害に関する指定科目は「障害者に対する支援と障害者自立支援制度」であるが、その中で聴覚障害に特化した内容はなく、また手話に関する科目も指定科目ではないために開講している養成校は少ない。また、必修である現場実習においては、障害関連の実習現場を選択する学生はいるとしても、手話使用者のサービス事業所を実習先として選択することは、手話ができない学生にはまず考えられない。要するに社会福祉士および精神保健福祉士ともに、養成カリキュラムは聴覚障害者について学修する内容とはなっていない。

　資格取得はあくまでも専門職として実践をおこなうためのスタートラインであり、試験の合格が実践力を証明しているわけではない。そのため、高度な知識と卓越した技術を用いて、個別支援や他職種との連携、地域福祉の増進をおこなう能力を有する社会福祉士のキャリアアップを支援する仕組みとして、2011年から認定社会福祉士および認定上級社会福祉士資格の認定制度が始まった。

　この認定制度では、公正・中立な第三者機関として設置された認定社会福祉士認証・認定機構の審査に合格することが求められている。特に、認定社会福祉士は、5分野（高齢分野、障害分野、児童・家庭分野、医療分野、地域社会・多文化分野）ごとの認定となっているが、そのカリキュラムを見ても聴覚障害者に特化した内容は含まれていない。障害分野は、5分野の中の一つの分野となっており、資格名は認定社会福祉士（障害）分野と称され、障害全般にわたる資格としての位置づけになる（日本社会福祉士会　専門社会福祉士認定制度準備委員会 2011: 49-63）。

　この新たな資格制度は、所属組織における相談援助部門でリーダーシップを発揮でき、高齢者福祉、医療など、各分野の専門的な支援方法や制度に精通し、他職種と連携して、複雑な生活課題のある利用者に対しても的確な相談援助を実践できる専門職としての専門性を求めている。しかし、聴覚障害に関する専門性についての記載はない。

2. ソーシャルワーカーのジェネラルな技能とスペシフィックな技能

1 ジェネラルな技能

　ソーシャルワーカーに必要とされるジェネラルな技能[3]として、次のようなものがある。人間の尊厳や基本的人権の尊重、社会正義といった対人援助に必要な価値の理解、社会福祉および関係領域の専門知識、そして面接技術やクライエントとの専門的援助関係の原則といった専門技術である。これらのソーシャルワーカーの専門性は、樹木にたとえられることがある。木の根の部分にあたるのが価値と倫理、幹の部分が専門知識、枝葉や実の部分が専門技術である（川村 2003: 19-21）。

　価値とは、ソーシャルワーカーが基盤とする社会福祉の価値や倫理である。これは、すべての人間は平等であり尊厳を有しているという、人権と社会正義であり、ソーシャルワーカー活動の根幹をなすものである。専門職としてのソーシャルワーカーの価値は、倫理綱領に明記されている。ソーシャルワーカーがとるべき行動や何が善であるかの評価を導くものである。

　専門知識には、ソーシャルワーク固有の知識の他に、心理学、コミュニケーション論、小集団論、社会学などの他の分野の知識も含まれる。これらをソーシャルワークに活用することが重要であり、加えて、実践科学としてのソーシャルワークでは、実践経験において培われた「実践知」や「経験知」なども含まれる（白澤 2010: 10-13）。

　また、専門技術としては、バイステックの7原則[4]や、受容と共感、そして傾聴といった基本的技術や、面接時のオープン・クエスチョンやクローズド・クエスチョンといった質問技法の使い分け、言い換え、要約、明確化、感情の反射などといった面接技術が、ソーシャルワーカーに求められる。

　これらの専門性の核となる価値や倫理、専門知識、専門技術が一体となって、ソーシャルワーカーの専門的能力、すなわちジェネラルな技能が形成される。

2 本研究におけるスペシフィックな技能のとらえ方

　聴覚障害ソーシャルワーカーの専門性は、ジェネラルな技能をもつ国家資格レベルは当然必要であり、聴覚障害ソーシャルワーカーのスペシフィック

```
┌─────────────────────────────────┐
│   ┌─────────────────────┐       │
│   │ 聴覚障害ソーシャルワークの │       │
│   │   スペシフィックな技能    │       │
│   └─────────────────────┘       │
│                                 │
│    ソーシャルワーカーのジェネラルな技能    │
│                                 │
└─────────────────────────────────┘
```

《図2》聴覚障害ソーシャルワーカーのスペシフィックな技能のとらえ方

な技能は、ジェネラルな技能を基盤とした上に位置するものと考えている。これを図式化したのが、図2である。ジェネラルな技能とスペシフィックな技能の間に、認定社会福祉士の「障害分野」が入って3段になるというとらえ方もできるが、ここでは2段で示す。

　図2は筆者が考える仮説であり、以下に示すことがスペシフィックな技能をもつ聴覚障害ソーシャルワーカーが必要であると考える基礎となることである。すなわち、「ソーシャルワーカーが自ら手話ができなくても、手話通訳者が介在すれば相談援助ができるのではないか」という説に対する反論である。

　ソーシャルワークにおいては、さまざまな場面における専門的コミュニケーション技術（非言語的コミュニケーションを含む）が重要であり、ソーシャルワーカーは対象者と直接的に効果的なコミュニケーションをおこなうことが求められる。聴覚障害ソーシャルワークでは、クライエントのコミュニケーション手段に応じたコミュニケーションをおこなうべきであるが、現状ではソーシャルワーカーではなく手話通訳者が相談業務をおこなう場合もある。それは、通訳者としてクライエントに同行して通訳をしている際にも、その場で相談援助を求められる場合や、わざわざソーシャルワーカーでなくても対応できると考えられるニーズが生じた時に、聴覚障害ソーシャルワーカーが制度的に明確に位置づけられていないがために、手話通訳者がソーシャルワーク実践をおこなう状況が生じてしまうからである。しかし、以下の理由により、手話通訳者が通訳業務以外に相談援助業務をおこなうのでは

なく、専門性をもつ聴覚障害ソーシャルワーカーが相談援助すべきであると考える。

1点目は、援助者とクライエントとのよりよい信頼関係構築のためである。ソーシャルワークにおいては、ソーシャルワーカーと「対象者との関係は、対面（face-to-face）の相互作用である」（山辺 2006: 13）との指摘がある。これは目と目を見合って直接にコミュニケーションすることでクライエントと共感しやすくなり、また信頼関係が生まれ、クライエントとの協働関係の構築がしやすくなると考えられるからである。

2点目はタイムラグ解消のためである。1対1での会話に比べ、通訳者が介入することで、コミュニケーションに要する時間にタイムラグが生じる。このタイムラグの間に生じる感情の変化、たとえば、言葉を発した後に心の変化が生じることもあり、クライエントとソーシャルワーカーとの間の交互作用に影響を及ぼすことになる。タイムラグがないほうが効率のよいコミュニケーションが可能であろう。それゆえに、手話通訳者が介在しないで、クライエントのコミュニケーション手段に合わせた直接的なコミュニケーション関係が構築されねばならない。

さらに、クライエントが手話のできない場合や何らかのコミュニケーション手段を獲得できていない場合に対応できるように、ジャスチャー（身振り言語）、絵文字といったさまざまなコミュニケーション手段を聴覚障害ソーシャルワーカーは開発していく必要がある。

以上のことから、聴覚障害にかかわるスペシフィックな技能をもち、聴覚障害者と直接コミュニケーションができる専門性を担保した聴覚障害ソーシャルワーカーが求められる。

以上のことをふまえ、次章以降は、聴覚障害ソーシャルワーカーにはどのようなスペシフィックな技能が必要とされるかを明確にするため、以下の2つの研究をおこなう。

(1) 調査分析①をおこない、聴覚障害ソーシャルワークの枠組みを生成する。
(2) 調査分析②をおこない、聴覚障害ソーシャルワーカーのコンピテンスを生成する。

(1)(2)ともに、聴覚障害ソーシャルワーカーを対象にインタビュー調査を実施し、質的研究をおこなう。

(2)で生成された聴覚障害ソーシャルワーカーのコンピテンスについては、異文化間ソーシャルワークのカルチュラル・コンピテンスとの比較、加えて聴覚障害ソーシャルワークにおける先行研究のコンピテンスとの比較研究をおこなう。

最後に、(1)と(2)の研究結果から導き出されたスペシフィックな技能が実践レベルにおいて有効であることを確認し、その体系化（＝文化モデルアプローチ）の重要性を提言する。

注
1　ネイティブ・サイナーとは、日本手話を第一言語とするろう者やコーダのことをいう。デフファミリーなどの手話環境での育ちのために、自然に手話を獲得している。
2　一般社団法人日本聴覚障害ソーシャルワーカー協会は、聴覚障害者支援にかかわるソーシャルワーカーの資質の向上を図るとともに、普及啓発等の事業をおこない、聴覚障害者の社会的地位向上と福祉のための専門的・社会的活動を進めることにより、聴覚障害者の福祉に関する理解の増進に寄与することを目的として、2006年7月に設立された専門職団体である。社会福祉士および精神保健福祉士の有資格者の会員数は94人と少ないが（2014年11月現在）、徐々に増加傾向にある。
3　本研究で使用する「ジェネラルな技能」「スペシフィックな技能」は、ケースワークについて検討したミルフォード会議の「ジェネリック・ケースワーク」「スペシフィック・ケースワーク」や、1990年代以降に体系化された「ジェネラリスト・ソーシャルワーク」と用語的に紛らわしいが、本書ではソーシャルワーカーに必要な専門的知識や技術を「ジェネラルな技能」、聴覚障害ソーシャルワークにおける聴覚障害ソーシャルワーカーの専門的知識や技術を「スペシフィックな技能」と表記する。
4　バイステックの7原則
①個別化の原則（クライエントを個人としてとらえる）
②意図的な感情表現の原則（クライエントの感情表現を大切にする）
③統御された情緒関与の原則（援助者は自分の感情を自覚して吟味する）
④受容の原則（受け止める）
⑤非審判的態度の原則（クライエントを一方的に非難しない）
⑥クライエントの自己決定の原則（クライエントの自己決定を促して尊重する）
⑦秘密保持の原則（秘密を保持して信頼感を醸成する）

バイステックが *The Casework Relationship* を 1957 年にアメリカで出版し、1965 年に旧訳版、1996 年に新訳版が日本で出版されている。クライエントとの専門的援助関係について書かれた専門書であり、対人援助職にとって原典といえるものである。

第4章　聴覚障害ソーシャルワークの理論的枠組みの形成

1. 調査分析①

1 はじめに

　第3章で述べたように、聴覚障害者を対象とした領域では、他の障害種別と比べれば相談援助は早くからおこなわれている。しかし、その実践に関する専門的な調査研究は、管見ではあるがほとんどみられない。その中で、調査研究に基づいた研究ではないが、聴覚障害者を対象とするソーシャルワークについて、奥野が次のように説明している（奥野 2008: 105）。

　「聴覚障害者を対象とするソーシャルワークは、聴覚障害者のニーズを踏まえて支援することが求められる。具体的には、聴覚障害のある人々とコミュニケーションが取れることが基本であり、さらに、聴覚障害の特性を正しく理解し、目に見えない障害である聴覚障害ゆえに起きているさまざまな課題・問題を理解したうえで、利用者の立場に立って、心ある支援をしていくことが求められる」

　奥野によると、聴覚障害者へのソーシャルワークとは、「①手話通訳者を介さずに、聴覚障害者と直接に、手話、口話、筆談、ホームサインなどでコミュニケーションができること」、そして、「②目に見えない障害であるがゆえに生じるであろうさまざまな課題や問題」について、「③聴覚障害の特性を正しく理解したうえで、利用者の立場に立って支援すること」であるという。

　奥野の指摘する聴覚障害者の課題や問題、そして何よりも聴覚障害の特性とは、具体的にはどのようなことを指すのであろうか。本章では、奥野の説の科学的根拠を求めるために、質的研究をおこない論証する。他障害種別へのソーシャルワークとは違った聴覚障害者への相談援助の専門性について、相談援助を実際におこなっている聴覚障害ソーシャルワーカーを対象にインタビュー調査を実施し、探索的研究をおこなう。

2 調査方法の選択理由

　本研究では、聴覚障害ソーシャルワーカーを研究対象とし、彼らの日々の相談援助実践の現状からその専門性を明らかにする。調査方法としては、彼らへのインタビュー調査を実施し、データを収集し分析するという質的調査

の方法を採用する。

　聴覚障害ソーシャルワークの専門性研究に関しての先行研究は数少ない。このように先行研究が少ない事象を解明するための研究方法としては、量的研究より質的研究がその探索的研究として望ましいゆえに、本研究では質的研究をおこなうこととした。第3章1の②で説明したように、聴覚障害者を対象に相談援助をおこなうろうあ者相談員は全国に約230人いるが、社会福祉士取得者はわずか7.8％であり、その専門性についての担保は定かではない。本研究は聴覚障害ソーシャルワークの専門性構築を目指すものであるため、可能なかぎり社会福祉士資格取得者、もしくは長期間相談援助職にあった者を対象とした調査をおこなう必要がある。ろうあ者相談員230人の母集団から対象者を無作為抽出した場合、専門性の低い対象者がサンプリングされることも想定されることから、量的調査を選択しなかった。

　何よりも質的調査法は、研究テーマとなる現象が知られていない場合や、理論や概念が十分示されていない場合に利用するのに適した方法である（三毛2003: 37）といったメリットが指摘されている。その意味からも、いまだ明確になっていない聴覚障害ソーシャルワークの専門性の部分を明らかにするうえで、質的調査を選択することが妥当である。

　昨今、社会福祉領域での調査研究においては、質的調査が多くみられるようになっている。質的研究とは、質的データの分析を通して、現象の記述、仮説生成あるいはモデル生成を目的とする研究のことであり、質的データとは、数字には還元しない言語によって記述されたデータのことである（田垣2008: 14）。本研究でのインタビュー調査により収集するデータがこれにあたる。モデルとは、ある現象を説明したり、理解したりするために、いくつかの概念と概念とが結びつけられた図式のことであり、本研究では、聴覚障害ソーシャルワークの枠組み（第4章）や聴覚障害ソーシャルワーカーのコンピテンス（第6章）を生成することを目的としているため、この理由からも質的調査が適切であると考える。

　また、質的データを用いた研究の目的は、リアリティをもって詳細に記述することを通じてその現象を理解することである（萱間2007: ⅲ）。生活上の困りごとを抱えた聴覚障害者のクライエントに対して、聴覚障害ソーシャルワーカーがおこなう相談援助の実態がこの方法によって明らかとなる。

さらに、質的データにより現象を説明しうるいくつかの概念を提示することができる。そして、質的研究の本質は、限定された現象や対象について、その詳細を、そこに属したりかかわったりしている関係者や当事者のリアルな言葉をもって記述し、さらにそれらを抽象化するということによって、すでに学問の領域の中に存在している概念との関連性や関係性を見出し、位置づける機能をもつ（萱間 2007: 1）。質的調査は、その現象が「どんなふうに」起こっているかを示しうるものであり、記述が本質をとらえていれば、結果は説得力をもつ。説得力のある記述からは、概念化が可能になる（萱間 2007: 2）。

2．インタビュー調査の方法
1 インタビュー調査の研究協力者

　インタビュー面接は、表 8 に示す聴覚障害者への相談援助の職務経験がある 13 人の研究協力者を対象におこなった。当初は筆者の知り合いである、聴覚障害者への相談援助をおこなっている専門職団体所属の中堅の相談援助従事者から始めたが、その後はスノーボール方式で協力者を得た。13 人のうち、聴覚障害者は 6 人、聴者は 7 人であり、どちらかに極端に偏らないように対象者を選んだ。性別は女性が 8 人、男性が 5 人である。年齢・相談歴ともに多様であるが、可能なかぎり相談活動経験が豊富な人が対象となるようにした。20 歳代の 2 人は、相談歴は短いが、両名ともに学生時代から聴覚障害者へのかかわりがあり、国家資格取得者であったので対象者とした。相談歴は、フルタイム勤務ではない者や長年ボランティアで聴覚障害者にかかわってきたという者もおり、一概に年数で示すことができず、概算を示した協力者が 2 人いる。また、研究協力者全員を国家資格取得者から選定したかったが、4 人は有資格者ではない。聴覚障害者への相談援助歴が長いベテランの研究協力者は、現職時には資格制度がなかったため有資格者ではないが対象者に含めた。

　1 人は引退者、他は全員相談援助従事者であり職名があるが、聴覚障害関係者は一般的に個人が特定されやすい狭いデフコミュニティに属しているため、あえて職名の記載は除外した。また、性別も同様の理由で記載していな

《表8》調査分析① 研究協力者の基本属性

	仮名	年齢	相談歴	聴者／聴覚障害者	資格
1	A氏	50歳代	15年	聴覚障害者	社会福祉士
2	B氏	70歳代	35年	聴覚障害者	なし
3	C氏	30歳代	7年	聴覚障害者	精神保健福祉士・社会福祉士
4	D氏	30歳代	5年半	聴覚障害者	社会福祉士
5	E氏	30歳代	7年	聴者	社会福祉士・手話通訳士
6	F氏	50歳代	約10年	聴覚障害者	精神保健福祉士・社会福祉士
7	G氏	20歳代	1年	聴者	社会福祉士
8	H氏	40歳代	3年	聴者	社会福祉士
9	I氏	50歳代	約20年	聴者	社会福祉士・手話通訳士
10	J氏	20歳代	2年	聴者	社会福祉士
11	K氏	50歳代	33年	聴者	介護支援専門員
12	L氏	50歳代	6年	聴覚障害者	介護支援専門員・社会福祉主事任用資格
13	M氏	50歳代	30年	聴者	介護支援専門員

い。

　本調査は、後述するように分析方法としてM-GTA（修正版グラウンデッド・セオリー・アプローチ）を採用するが、M-GTAの分析方法に準拠して実施しているため、13人の研究協力者は調査開始前から決定していたのではなく、M-GTAの理論的サンプリングにより、理論的飽和化がおこなわれた結果として研究協力者となったものである。

2 インタビュー調査の方法およびデータ収集

　インタビュー面接は、研究協力者全員を筆者が半構造的面接法でおこなった。半構造的面接法を用いた理由は、聴覚障害者への相談援助における日頃の実践をもとに考えることについて問いかけし、適宜質問をはさみながら、基本的には協力者の自由な語りを最大に活用することを目的としたからである。質問事項は主に、①必要な専門知識や技術、②聴者への相談支援との相違点、③聴覚障害者の特性、④聴覚障害ソーシャルワーカーに求められる資質とし、インタビューガイドを作成し面接を実施した。面接時間は1時間30分から2時間の間であった。調査は2010年12月から翌年の2月までの期間に実施した。

　研究協力者が聴者の場合は音声情報をICレコーダーに録音し、手話使用者の場合は手話通訳者の読み取り通訳をICレコーダーに録音するとともに、

研究協力者の手話での語りをビデオカメラで録画した。読み取り通訳者の音声情報が曖昧な場合には、録画内容を確認する作業をおこなった。収集した音声情報はすべて逐語化した。

③ 研究における倫理的配慮

調査依頼時には、研究協力者のプライバシーの保護および話題となるクライエントや事例に関する個人情報の保護、そして調査結果を報告する際には、個人の特定ができる内容にはしないことを、文書で伝えて同意を得、またインタビュー開始時には口頭で再度説明し、承諾を得てからインタビュー面接を開始した。

音声情報と手話を撮影した動画、ならびに逐語化したデータは、調査終了後には特にその保管には厳重に注意した。

なお、本調査研究は、筆者が所属する日本社会福祉学会倫理指針に基づき実施した。また、勤務先である四天王寺大学の研究倫理審査委員会に審査を申請し承認を得ている。

④ 分析方法

逐語化したデータの分析は、M-GTAによりおこなった。M-GTAを採用した理由を説明する前に、まずグラウンデッド・セオリー・アプローチについて説明をおこなう。

グラウンデッド・セオリー・アプローチは、アメリカの社会学者であるグレーザーとストラウスが、1967年に出版した『データ対話型理論の発見』に示した、理論を生成するための帰納的な質的調査の方法論であり（三毛 2003: 38）、最も大きな特徴は、現場の検証ではなく、理論の開発を目指すことを強調している点であり、特に人びとの相互作用の過程に焦点をあて、その心理・社会的現象に共通した現象を説明する理論開発を目的としている（舟島 2007: 96）。これらのことから、先行研究がない聴覚障害者への相談援助に関する聴覚障害ソーシャルワークの専門性といった現象に関しての理論を見出すためには適した方法と考える。また、グラウンデッド・セオリー・アプローチは、継続的比較分析法ともいわれるように、得られたデータ同士を比較することによって、データに含まれる概念の普遍性と特殊性を見出し

ていく方法である。概念とデータの対応を重視し、ある特定の領域におけるデータに基づいた具体理論の生成を目的としている（萱間 2007: 3）点においても、本研究に合致したアプローチと考える。

　加えて、グラウンデッド・セオリー・アプローチが、人間と人間が直接的にやりとりをする社会的相互作用にかかわる研究に適しているために、ヒューマンサービス領域に向いており、研究対象とする現象がプロセス的性格をもっていることからもソーシャルワークの実践領域に適している（木下康仁 1999: 178, 2003: 89-90, 2007: 66-68）。

　次に、M-GTA を採用する理由について説明する。グラウンデッド・セオリー・アプローチと異なる M-GTA の大きな特徴は、データの切片化をおこなわないで、独自のコーディング方法の明確化をおこなっている点である。概念を分析の最小単位とし、分析ワークシートを作成して分析を進める（木下康仁 2003: 44-45）方法は、研究対象の人びとにとっての意味のあるまとまりをもったものとしてデータをみることとして重要であり、データの分析単位は柔軟である（三毛 2003: 46）。

　昨今のソーシャルワーク領域の質的調査の論文を参照すると、M-GTA を分析方法として採用しているものが多い。

　調査分析①では、研究協力者へのインタビュー面接を継続しながら、同時に M-GTA の継続的比較分析による分析作業を進め、最終的には 13 人目の研究協力者のインタビュー内容からは新たに重要な概念が生成されなかったため、「理論的飽和化」（木下康仁 2003: 220-224）と判断し、インタビュー調査および分析の終了とした。

　なお、分析作業を進める過程においては、M-GTA のデータ分析経験者によるエキスパートレビューを実施するとともに、随時内容を検討し修正を加えながら、データ解釈における質の向上を目的に、研究協力者数名とメンバーチェッキングをおこない分析した。

3．分析結果

① カテゴリー・概念の生成

　M-GTA の分析手順に従い、分析ワークシートを作成した。その結果、

《表 9》分析ワークシートの一例

概念名	クライエントに応じた直接的コミュニケーション・スキルが必要
定義	手話通訳者を介さず、クライエントのコミュニケーション手段や言語レベルに応じた直接的コミュニケーション・スキルが必須である。
ヴァリエーション	「コミュニケーションといっても言葉ではなくて、判断能力を含めたコミュニケーション能力だと思うんですけどね」A：6 「要はその人に合わした手話っていうのがあるんだと思う」A：7 「まず相談する時、支援する時に、相手が望むコミュニケーション手段に、相談援助者が合わせる必要があります。こちらのコミュニケーションの方法を押しつけると、本音が出ないです。あなたが手話を希望するならば手話をやる。日本手話か、日本語対応か、それもあります。筆談が希望であれば、筆談をする。口のやりとりをしたいなら、口のやりとりをする」B：2 「相手のコミュニケーション手段に合わせるだけのコミュニケーションの幅を、まずソーシャルワーカーがもつ必要があります」B：7 「僕に相談に来る人も、自分のもっているコミュニケーション方法で、自由に相談できると思えば、僕だけに頼って、他には相談をもっていかない、そういう場合も多いです」B：7 「相談支援をしていて思うのは、ろうの方といっても、手話の表現だったり、コミュニケーション力だったり、筆談能力だったり、それぞれコミュニケーションのツールが大きく括れば身振りだったり手話だったりってなるのですけど、それはそれぞれ違うので、まずそれを習得するのはすごくやっぱり時間がかかるだろうなと」E：21 「それはやっぱり通訳を介する手話コミュニケーションじゃなくって、その方と私の直接のコミュニケーションが第一じゃないかなっていうふうに思ってるんですね」I：15 「いつも私自身仕事の中で気をつけてるのは、その子に、12人いるうちの12人に合わせて手話を微妙に変えるようにはしてるんです」J：19 「手話もその子の手話を使って話をする。その子にとって見たことない表現を出してしまうと、それは伝わらないものになってしまうので、あー、そういう言葉があるんだって覚えていくのももちろん必要なんですけど、とりあえず相手、この子に伝わらなきゃ意味がないので、その子にわかる表現を出すようにしている」J：19 「ただ単なる日本語を手話に置き換えるだけでいい方もあれば、そうじゃなくって、掘り起こしをしないと、もっと砕いた言い方をしないと返ってこない人もいる」M：9
理論的メモ	聴覚障害者の判断力も含め、コミュニケーション力に応じたやりとりが可能でないと相談支援はできない。コンピテンスの一つと考える。 （以下、省略）

19の概念と 7つのカテゴリーが生成された。分析ワークシートの一例を表 9に、カテゴリーと概念一覧を表 10 に示す。なお、すべての分析ワークシートは巻末の資料 1 に掲載している。

《表10》聴覚障害ソーシャルワークのカテゴリーと概念

【カテゴリー】	〔概念〕
①聴覚障害者の【多様性】	〔聴覚障害者の実態は多様〕 〔相談内容は多様〕
②聴覚障害者は【マイノリティ】	〔聴覚障害者の低いコミュニケーション力、言語力〕 〔社会資源の少なさ〕
③【わかりにくい】聴覚障害者	〔聴覚障害者独自の特性あり〕 〔理解されにくい聴覚障害者〕
④【聴覚障害に関する知識やコミュニケーション技術が必要】	〔クライエントに応じた直接的コミュニケーション・スキルが必要〕 〔対象者(聴覚障害者)理解が必要〕 〔ろう文化の理解が必要〕 〔聴覚障害ソーシャルワーカーは聴者・聴覚障害者どちらでもよい〕
⑤求められる【独自の専門性】	〔聴覚障害者への相談援助の専門性は必須〕 〔社会資源の開発や制度の知識が必要〕 〔聴者クライエントとは異なる支援方法〕
⑥聴覚障害ソーシャルワークの【確立するべき専門性】	〔支援の難しさ〕 〔関係機関との連携の難しさ〕 〔学問体系は未確立〕
⑦支援目標は【聴者社会との関係性の改善】	〔聴者社会とろう者社会の関係性構築〕 〔聴者社会の中で生きづらさを抱える聴覚障害者〕 〔聴者との関係性障害〕

2 ストーリーラインと聴覚障害ソーシャルワークの枠組み

分析結果からストーリーラインを、カテゴリーは【 】、概念は〔 〕で示す。

聴覚障害者への相談援助実践においては、まずクライエントとしての聴覚障害者の特性を熟知し理解する必要がある。特性は、【多様性】かつ【マイノリティ】な存在であるゆえに【わかりにくい】聴覚障害者である。これらの特性を考慮したうえで、ソーシャルワーカーは、【聴覚障害に関する知識やコミュニケーション技術が必要】となる。具体的には、〔クライエントに応じた直接的コミュニケーション・スキルが必要〕であり、聴覚障害者特有の文化である〔ろう文化の理解が必要〕となる。加えて、〔聴者クライエントとは異なる支援方法〕が求められ、独

自の〔社会資源の開発や制度の知識が必要〕となる。これらが求められる【独自の専門性】であるが、聴覚障害ソーシャルワークの〔学問体系は未確立〕であり、【確立するべき専門性】がある。支援目標は、個々のクライエントのニーズ解決であるが、それらは総じて【聴者社会との関係性の改善】である。

　7つのカテゴリーのうち、聴覚障害者の【多様性】、聴覚障害者は【マイノリティ】、【わかりにくい】聴覚障害者については、〈聴覚障害者の特性〉を示すものとして一括りにできる。また、【聴覚障害に関する知識やコミュニケーション技術が必要】は、ソーシャルワーカーに必要な〈対象者理解と必要な知識・技術〉である。そして、求められる【独自の専門性】と聴覚障害ソーシャルワークの【確立するべき専門性】については、〈相談援助のスペシフィックな専門性〉に関するカテゴリーととらえることができる。最後は、〈支援目標〉は【聴者社会との関係性の改善】である。

　以上、ストーリーラインをもとに作成した聴覚障害ソーシャルワークの枠組みを図3に示す。7つのカテゴリーのうち、【聴覚障害に関する知識やコミュニケーション技術が必要】と求められる【独自の専門性】は、コアカテゴリーとして位置づけられた。コアカテゴリーとは、研究テーマの現象を表現する中心のカテゴリーであり、それに該当するのが【聴覚障害に関する知識やコミュニケーション技術が必要】と【独自の専門性】の網掛け部分である。

　【聴覚障害に関する知識やコミュニケーション技術が必要】は、【多様性】【マイノリティ】【わかりにくい】の3つのカテゴリーからなる〈聴覚障害者の特性〉を踏まえた〈対象者理解と必要な知識・技術〉であり、もう一つのコアカテゴリーである【独自の専門性】と密接な関連性を有している。

　この【独自の専門性】は【確立するべき専門性】の延長線上にあり、支援目標である【聴者社会との関係性の改善】に結びつくものである。

3 カテゴリーの概念説明

〈聴覚障害者の特性〉
(1) 聴覚障害者の【多様性】
　カテゴリー・聴覚障害者の【多様性】は、〔聴覚障害者の実態は多様〕〔相

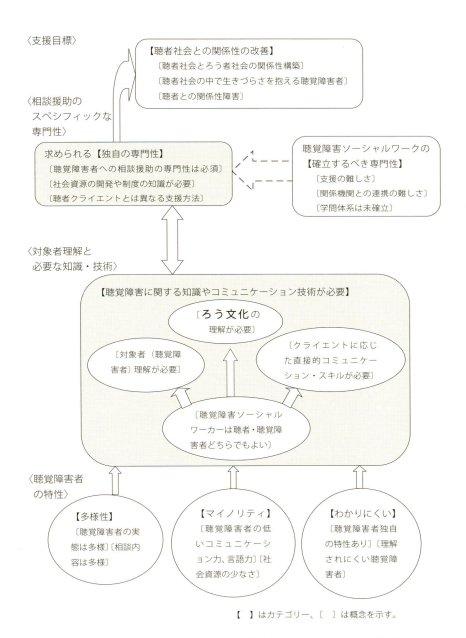

《図3》 聴覚障害者の特性を考慮した聴覚障害ソーシャルワークの枠組み

談内容は多様〕の2つの概念から生成された。

> 「聴覚障害者といいましても、かなり幅広い」
> 「ろう者でもいろいろいるわけですね。特にろう教育もきちんと受けていない未就学の人とか」

コミュニケーション手段、失聴時期、教育環境、社会的背景など、〔聴覚障害者の実態は多様〕である。

> 「聴覚障害のある女性がいる、聴覚障害のある老人がいる、聴覚障害のある知的障害者がいる、聴覚障害のある、まぁそういう人たちがいるので、結局聴覚障害の対応したうえでいろんな福祉というのがあるから」
> 「要するに聞こえない人に関することは何から何まですべて受けますって感じですね」

児童、高齢者、生活困窮者、その他すべてを対象とするのが聴覚障害ソーシャルワークであり、〔相談内容は多様〕であるゆえに、高度な専門知識や技術が聴覚障害ソーシャルワーカーに求められる。

(2) 聴覚障害者は【マイノリティ】
カテゴリー・聴覚障害者は【マイノリティ】は、〔聴覚障害者の低いコミュニケーション力、言語力〕〔社会資源の少なさ〕の2つの概念から生成された。

> 「相談に来る聞こえない人というのは言葉の力が弱い人が多いです。やはり、私たちが普段使っている言葉を手話で表現しても通じないことがあるので、できるだけわかりやすい言葉を使う。あとは確認。わかったかどうか確認をとる」
> 「後で話を聞いてみると、すごくズレていて、『えっ、あの時わかったって言ってたのに、わかってなかったのですか』ということがたくさ

んあるので、それを確認する作業の支援がすごく大切だなあと思う」
「はじめて会う人の場合は、自分は手話ができても、行き違いやうまく通じないことがあります」

聴覚障害者はマイノリティゆえに、マジョリティである聴者のコミュニケーション力と比較すると〔聴覚障害者の低いコミュニケーション力、言語力〕とみなされる複雑な状況がある。

「アルコールの問題で支援しても、ピアグループがないので、どうしても人が一人になってしまって、孤独になってしまう。相談の時も私のところに来る、私以外には行く場所がないということですね」
「聴覚障害者の人たちのサービス支援っていうのが社会に存在しない。たとえば、聞こえる人たちのサービスの中に入っていても、本人はコミュニケーションが通じなくて嫌だからと辞めちゃう」

〔社会資源の少なさ〕が特徴であり、ソーシャルアクションにて社会資源の開発をおこなわねばならない。

聴覚障害者の特性を表す結果として生成された【多様性】と【マイノリティ】は、筆者が以前指摘した特性と同じであり（原2008: 140-145）、今回の調査において追認できた。

(3)【わかりにくい】聴覚障害者
最後の特性として、〔聴覚障害者独自の特性あり〕〔理解されにくい聴覚障害者〕の２つの概念から、カテゴリー【わかりにくい】聴覚障害者が生成された。

「電話で通訳をしている時とかでも、本人は『ふんふんふんふん』とわかっているのですが、やはり電話を切った後に『で、何の書類がいるのだったっけ？』とかいう話があるので、『これとこれとこれが必要ですね』っていうので、筆談で文字がわかる方はそうしますし、たとえば

それがわかりにくい方だったら絵を描く時もあります。それはやっぱりろうの方の特徴かなと思いますね」
　「人間関係が非常に狭いです。相手から言われることにきちんと対応できていない。自分が何を言ったらいいのかわからない面もあるし、情報も足りない。社会経験がないと、なかなか自分の言いたいことを周りに伝えられない。そういう面が確かにあると思います」
　「そういう時には、やっぱり書いて、目で確認するというやり方。やっぱり手話は消えてしまいますので」

　〔聴覚障害者独自の特性あり〕と述べている研究協力者は聴者に多く、要するに聴者からみたろう者観ともいえる。

　「聞こえないっていうことが、こんなに社会に理解されてないのだってすごく思いますね。軽い障害、軽いも重いもないのかもしれないですけど、軽くみられているなって」
　「ほとんどの人が手話通訳をつければ何でもOKと思っている方が多いです」
　「聞こえるソーシャルワーカーの方で、何か問題が出てくると、不思議だけれども、みんな同じことを言っているのは、『聴覚障害の人は困った人だね』っていうような言い方をするのです。『困った人』というような言い方をして終わるのです。『困った人ではないよ』っていうことは言うのですけど」
　「聴覚障害の理解のない人ってたくさんいるじゃないですか。理解がないっていうか、会ったことがない人って絶対的にわからないだろうし」

　聴者には〔理解されにくい聴覚障害者〕であり、社会の中で孤立しがちな実態が浮かび上がった。

　以上、聴覚障害者は【多様性】かつ【マイノリティ】であるがゆえに、そして外見からはわからない障害のために、【わかりにくい】。聴者が多数派・

主流派である聴者社会の中では、さまざまな生活上の問題が発生するのも当然である。それゆえ、聴覚障害に関する専門知識や技術で介入できる聴覚障害ソーシャルワーカーが求められる。

〈対象者理解と必要な知識・技術〉
(4)【聴覚障害に関する知識やコミュニケーション技術が必要】
　では、聴覚障害に関する知識や技術には、どのようなものがあるのか。カテゴリー【聴覚障害に関する知識やコミュニケーション技術が必要】は、4つの概念〔クライエントに応じた直接的コミュニケーション・スキルが必要〕〔対象者（聴覚障害者）理解が必要〕〔ろう文化の理解が必要〕〔聴覚障害ソーシャルワーカーは聴者・聴覚障害者どちらでもよい〕から生成された。

　「まず相談する時、支援する時に、相手が望むコミュニケーション手段に、相談援助者が合わせる必要があります」
　「ろうの方といっても、手話の表現だったりコミュニケーションだったり、筆談能力だったり、それぞれコミュニケーションのツールが、大きく括れば身振りだったり手話だったりってなるのですけど、それはそれぞれ違うので、まずそれを習得するのはすごくやっぱり時間がかかるだろうなと」

　手話通訳者を介さず、〔クライエントに応じた直接的コミュニケーション・スキルが必要〕である。

　「聴覚障害に対する幅広い理解もつかんでないといけないと思うので、そこはもうそれこそ、一つの専門分野になるかなと思います」
　「やはり聞こえない人が生まれてから、どういう家庭だとか、どのように成長されていくかということは知っておく必要はあるなと思っています。何歳の時に聞こえないことがわかったのか、聴覚補償の手段はどんなことを使ってきたのかとか、それによってどんな環境で教育を受けてきたのかとか、そういうことはやはり知っておく必要はあると感じます」

第4章　聴覚障害ソーシャルワークの理論的枠組みの形成

〔対象者（聴覚障害者）理解が必要〕であり、聴覚障害に関するさまざまな知識（社会的背景、歴史、運動団体など）を熟知しておく必要がある。

> 「どうしても聞こえない人の相談をする時に、聞こえる、聞こえない、それぞれの文化の考え方、それを抜きにしておこなうのは難しいなと思っています」
> 「やはり違いを理解するためには、そこでせっかくろう文化というふうに、聞こえる人とは違うということを、違いがわかっている中でそれをどう使うかというところ。だからその違いに合わせろというふうに使うのではなく、最初から合わせろというよりは、自分もその文化と違う環境の中で違うことまで思考の幅を広げたうえで使えたらいいなと思っていて」

〔ろう文化の理解が必要〕であり、特に聴者ソーシャルワーカーの場合は、ろう文化に対する理解や異文化に敏感であることが示唆されている。

> 「コミュニケーションが通じるということが最低条件だと思います。その意味で聞こえる聞こえないは関係ないと思う」
> 「ソーシャルワーカーという専門職の場合には、聞こえるか聞こえないかはあまりこだわらないです」
> 「相談支援の場合は、聞こえても聞こえなくてもどちらでも問題はないように思います。聞こえない本人とじかにコミュニケーションできるならば、聞こえても聞こえなくても関係ないかなと思っています」

聴覚障害に関する専門性を有する場合は、〔聴覚障害ソーシャルワーカーは聴者・聴覚障害者どちらでもよい〕という。聴者・聴覚障害者どちらかではなく、それよりもソーシャルワーカーとしての専門知識や技術はもちろんのこと、聴覚障害に関する専門知識や技術が必要であるという言説が多くみられた。

〈相談援助のスペシフィックな専門性〉
(5) 求められる【独自の専門性】
　カテゴリー・求められる【独自の専門性】は、〔聴覚障害者への相談援助の専門性は必須〕〔社会資源の開発や制度の知識が必要〕〔聴者クライエントとは異なる支援方法〕の3つの概念からなる。

> 「手話がどんなにできても、相手の生活の基盤というのが、背景がわからなければ、本当の支援はできない」
> 「聞こえない人の生活だったり、文化だったり、言葉だったり、それを理解する力。または少ない社会資源のその中で支援していく力。新しいものをつくる力だったり、コミュニケーションなのかなと思います」
> 「本人の力を引き出せるようなコミュニケーション兼通訳技術兼、周りの方へ聴覚障害とはどういうことだよっていうことを、これもさりげなく啓発していく力と、それこそ多岐にわたる知識とネットワークをつくっておかないと」

〔聴覚障害者への相談援助の専門性は必須〕である。

> 「私は以前のろうあ者更生寮とか、障害者支援施設、作業所、いっぱい知っています。それらとの関係をもっているので、本人に2、3ヵ所見学させて、実習させて、お願いできる、そういうバックをもっているから。退院も自信をもって、医者に説明をして認めてもらえたわけです。そういうバックがなければ、退院させても、どこに行くか、責任をもてないです。また病院に戻ることはできません。難しいです。だから、そういうバックがないとね、本当にソーシャルワーカーの仕事はできないと思います」
> 「いろんな制度を知っていることが、絶対に必要になります」
> 「あとは情報を集める力ですね。あとはネットワークです。社会資源が少ないから、いろいろ好き嫌いもあると思うけれども、やはり、そこをうまく乗り越えて、聞こえない人にかかわる人たちのネットワークをつくる力は非常に大事かなと思います」

「いろいろな相談内容があるので知識、制度、全部身につけなければと、それがなかなか大変な面があります」

聴覚障害者に関する〔社会資源の開発や制度の知識が必要〕である。

　「面談の方法にしても聞こえる人とは違うな。聞こえる人の場合には真向かいに座ったらダメだとか、こういうふうに、ふっと考える時に、見える空間つくらなくちゃいけないというのがあるけれども、でも聞こえない場合には手話をやるから真向かいに座らないと意味がないということは違うかもしれない。それからちょっと暗めのほうがいいっていうのは聞こえる人。聞こえない人は明るいほうがいいでしょ」
　「アメリカの場合にはオンライン、手話でテレビで話すみたいな、インターネットにつないでやる方法（中略）それがいいなと思いました」
　「だからろうの人が相談するためには、相談する前の段階、準備が必要ですよね。そのための援助かなと思うんですけども。整理してあげる」

〔聴者クライエントとは異なる支援方法〕が求められる。

(6) 聴覚障害ソーシャルワークの【確立するべき専門性】

　カテゴリー・聴覚障害ソーシャルワークの【確立するべき専門性】は、〔支援の難しさ〕〔関係機関との連携の難しさ〕〔学問体系は未確立〕の3つの概念から生成した。

　「大変だと思うのは、ろうの世界は狭いから相談しても秘密が漏れるとか、そういうイメージをもたれてしまうことはやはり多いです」
　「やはり見ていないと話がわからないので、聞こえる人のように聞きながら書くというのをやると、私がやっても話がわからなくなりますし（中略）、いっぺんにしゃべるのではなくて、誰か一人一人が話してから書くとかというふうなところが違うなというふうに感じます」

〔支援の難しさ〕には、聴覚障害者への相談援助の独自の難しさが表れて

いる。インタビューの指摘のように、手話使用の面接では、音声言語を聞きながらメモ書きすることができず、映像としての手話を日本語に変換させて記録するのは、時間もエネルギーも必要となる。記録の日本語表現が拙いとの指摘があり、手話表現の記録方法もまだ確立しておらず、これらは今後の課題である。

　「精神科の病院とか、または精神科のソーシャルワーカーとの連携がうまくいかなかったかな、意思疎通が足りなかったからなのかなと思うことはあります」
　「関係機関とかに、聞こえない人のことをわかってもらわないといけないというのはあるでしょうね。（中略）たとえば一緒に警察に行ったにしても、会社に行ったにしても、保育所に行ったにしても、行った先で聞こえない人をちゃんと受け止めてもらうために、ちゃんと説明しないといけないから」

聴覚障害者を理解できていない〔関係機関との連携の難しさ〕を指摘する声が多くみられた。

　「世界では聞こえない人のソーシャルワークの学問体系がまだできていない」
　「カリキュラムの中に、聴覚障害者の特性を学ぶ内容を入れる。それが必要かなと思いますね」
　「聞こえるソーシャルワーカーに対してきちっと聴覚障害を教える環境をつくっていかないといけないかなと思っています」

聴覚障害ソーシャルワークの〔学問体系は未確立〕であり、社会福祉士・精神保健福祉士養成のカリキュラムに組み入れることが求められている。

〈支援目標〉
(7) 支援目標は【聴者社会との関係性の改善】
　聴者社会においてマイノリティである聴覚障害者が抱える福祉ニーズへの

支援目標は、【聴者社会との関係性の改善】である。このカテゴリーは、〔聴者社会とろう者社会の関係性構築〕〔聴者社会の中で生きづらさを抱える聴覚障害者〕〔聴者との関係性障害〕の3つの概念から生成した。

　「聞こえない人の場合には、主張の仕方がストレート過ぎる場合がある。たとえば、聞こえる社会ってわりとオブラートに包んで話を進めるけれど、聞こえない人の場合には、パッとストレートに言ってしまうので、そういうところも誤解を生じるというところがある。まぁそういうところもわかってもらいながら進めないと。たとえば、有給休暇をとるっていう場合でも、『私は有給休暇をとる権利があるからとらしてください』とか言ったらびっくりするでしょ、会社側は。そういう時には『そういう言い方じゃないよ』とか……」
　「将来彼らが出ていく社会は聞こえる社会っていうのはやっぱりあるので、どんなに頑張っても聞こえない人だけの社会で生きていくわけにはいかないし、みんながみんな、手話ができるわけではないしっていうところで、いずれあなたたちが出ていく社会は聞こえる人もいる、聞こえない人もいるっていうのをみせていく場でもある」

〔聴者社会とろう者社会の関係性構築〕では、聴者社会とろう者社会との橋渡し役となることが聴覚障害ソーシャルワーカーに求められる。

　「聴覚障害者が生活の中で苦しんでいるとか、差別を受けているとか、そのことをみてきて、何とかしなくちゃいけないと思って、資格を取ったわけです」
　「健聴の親とのコミュニケーションじゃ、やっぱりどうしても限界がある。子どもがより抽象的な話をするようになればなるほど、親は手話についていけなくなる。やっぱり親が覚えられる手話にも限界がある。子どもはそれ以上に手話を覚えていく。そこでやっぱり親とのコミュニケーションがうまくいかなくなってくる。家庭でもストレスを感じている」

音声言語中心の社会の中で、少数派の聴覚障害者は、〔聴者社会の中で生きづらさを抱える聴覚障害者〕である。

> 「聞こえないという障害は、コミュニケーション障害者というよりは、また、情報障害者というよりは、人間関係づくりの障害」
> 「言語学的な難しいことはわからないんですけれども、ニュアンスの表現方法のパターンが、たとえば、日本とアメリカで違うことがあるのと同じように、やはり音声の言語と手話で違うというのがあると思います。それを別の言語だからといわれると、ああそうなのかなという感じで、そうだとははっきりはわからないです」

〔聴者との関係性障害〕では、コミュニケーション手段が違うことで聴者との人間関係に困難性を伴うことになる。

4．考　察

　聴覚障害者を対象とするソーシャルワークにおいては、クライエントの聴覚障害者は、【多様性】かつ【マイノリティ】な存在であり、外見上わからない障害であるゆえに【わかりにくい】聴覚障害者であるといえる。そして、相談内容も多様であり、聴覚障害者への支援目標は【聴者社会との関係性の改善】である。この目標を達成するためには、聴覚障害ソーシャルワークという【独自の専門性】が求められ、具体的には【聴覚障害に関する知識やコミュニケーション技術が必要】である。そして、この【独自の専門性】を有する聴覚障害ソーシャルワークは、【確立するべき専門性】があることが、今回の調査で明らかになった。
　これらの結果から、聴覚障害ソーシャルワーカーによる聴覚障害者への相談援助の理論的枠組みを作成した（図4）。中央に位置する網掛けした部分が支援目標である。
　主流である聴者社会の中で【マイノリティ】である聴覚障害者は、さまざまな生きづらさがある生活を余儀なくされている。その生きづらさに対しても【マイノリティ】ゆえにサービス提供も十分ではない。また【多様性】の

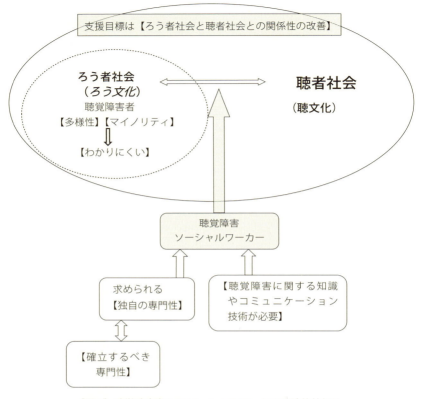

《図4》聴覚障害者へのソーシャルワークの理論的枠組み

実態が聴者からは理解されにくく、【わかりにくい】聴覚障害者であるため、たとえば、聴覚障害ソーシャルワークの専門職でなくても、手話ができれば相談援助は可能といった間違った認識をもたらすことにもなる。【わかりにくい】聴覚障害者の実態を正しく理解できる聴覚障害ソーシャルワーカーが求められる。

　以上の結果から、従来から指摘されている聴覚障害ソーシャルワークに関する説明、たとえば、本章の冒頭に引用した奥野が示す、「①手話通訳者を介さずに、聴覚障害者と直接に、手話、口話、筆談、ホームサインなどでコミュニケーションができること」「②目に見えない障害であるがゆえに生

じるであろうさまざまな課題や問題」について、「③聴覚障害の特性を正しく理解したうえで、利用者の立場に立って支援すること」に加えて、聴覚障害者（ろう文化）と聴者（聴文化）との関係性に介入する点を、特に聴覚障害ソーシャルワークの独自性として示すことができる。

この関係性への介入には、Wax の「聴覚障害者への支援には、異文化間ソーシャルワークの介入戦略が最も適切な方法である」との指摘や、Sheridan, M. A. ら（2008, 2010）の「文化的視点をもったソーシャルワーカーが必要とされている」「文化的感性（Cultural Sensitive）は、当事者であるろう者や難聴者のソーシャルワーカーによってもたらされる」[1]など、異文化間ソーシャルワーク（Cross-Cultural Social Work）理論を援用する必要性が指摘されているが、本研究からもそれらを示唆することができた。

聴者社会とろう者社会との関係性への介入が、聴覚障害ソーシャルワークの要であるということは自明のことではある。が、得てして生活上の諸問題において聴覚障害者が不適応を示す個々の問題に対し、いかに聴者社会に適応できるか、適応できるように支援するかといった聴者本位にシフトしたソーシャルワークになりがちなところがある。しかし、今回の質的調査で明確となったソーシャルワーカーの介入では、ろう者社会と聴者社会との関係性に焦点をあてるというニュートラルな視点が重要であるということが明確となった。

今回の調査では、13 人の研究協力者を対象に質的調査をおこなったが、相談歴の長短による相違点や、聴者と聴覚障害者のソーシャルワーカーの相違点についての分析はおこなっていない。今後検討するべき課題であると考えている。

アメリカには、障害当事者である聴覚障害ソーシャルワーカーが 250 人いるという（Sheridan ら 2010: 1）。第 2 章で紹介した聴覚障害者のための総合大学であるギャローデット大学には、ソーシャルワーク学部と大学院があり、ソーシャルワーカー養成もおこなわれている。わが国にも聴覚障害者のための技術系大学はあるが、残念ながらソーシャルワーカーの養成はおこなわれてはいない。

「視覚障害ソーシャルワーク」「知的障害ソーシャルワーク」という用語は聞かれないが、「聴覚障害ソーシャルワーク」を一つの専門領域と考える理

由は、本研究で明らかにした独自の枠組みが概念化できるからである。しかし、学問体系としてはまだ未確立であり、緒についたばかりである。筆者は今後もこの領域の研究をさらに極めたいと考えるとともに、マイノリティではあるが聴覚障害ソーシャルワークへの理解が進むことを期待するところである。

　以上、調査分析①として、聴覚障害ソーシャルワークの枠組みを生成し、筆者が考える聴覚障害者への相談援助について明らかにした。そして、生成されたカテゴリーの中の2つのコアカテゴリーとして生成された【聴覚障害に関する知識やコミュニケーション技術が必要】と【求められる専門性】が、聴覚障害ソーシャルワークのスペシフィックな専門性として【確立するべき専門性】であることが明確になった。引き続きこの聴覚障害ソーシャルワーカーのコンピテンスを生成するために、第6章で調査分析②をおこなう。

注
1　Sheridan らは、「当事者である聴覚障害者だからこそ文化的感性をもつことができる」ことを強調した論文を書いているが、文中にも記したように、今回の調査の研究協力者たちは、聴覚障害者に関する知識やコミュニケーション技術をもっているならば、聴覚障害ソーシャルワーカーは聴者でも聴覚障害者でもかまわないとの意見であった。

第5章　ソーシャルワーカーのコンピテンス

前章では、聴覚障害ソーシャルワーカーへのインタビュー調査で得られたデータをもとに、M-GTAによる分析により、聴覚障害ソーシャルワークの枠組みを生成した。そして、聴覚障害ソーシャルワーカーのクライエントへのかかわりは、ろう者社会と聴者社会の関係性に介入することが基盤になることが明らかとなった。聴覚障害ソーシャルワークの枠組みでは、特に【聴覚障害に関する知識やコミュニケーション技術が必要】であり、それらが【独自の専門性】として必須のものであることが明確になった。【コミュニケーション技術】の必要性は、さまざまなコミュニケーション手段を有する聴覚障害者が存在することから容易に理解できるところである。

　また、前章の質的研究の結果としての【聴覚障害に関する知識】の概念内容は、〔対象者（聴覚障害者）理解が必要〕と〔ろう文化の理解が必要〕から生成されている。

　以上のことをふまえて、2つ目のスペシフィックな専門性研究として、聴覚障害ソーシャルワーカーのコンピテンス[1]の生成を質的調査により試みることとする。その前に、本章ではコンピテンスに関する3つの先行研究をレビューする。ソーシャルワーカーとは異なる文化を背景に生活しているクライエントに対して相談援助をおこなう異文化間ソーシャルワークのソーシャルワーカーのコンピテンスについての先行研究レビューを2つおこなう。加えて、聴覚障害ソーシャルワーカーのコンピテンスについても同様にレビューする。

1. コンピテンスに関する先行研究

　ソーシャルワーカーのコンピテンスについてレビューする前に、まずコンピテンス（Competence）に関する先行研究を概観する。コンピテンス概念の提唱者は自我心理学者のWhite, R. W.であり、コンピテンスとは、「環境に働きかけ、それを効果的に操作する能力」をいい、「本能的もしくは生得的かつ学習的に、環境を自らの選択によって効果性を有する方向へと操作する能力」であるという。コンピテンスの概念は非常に幅広く、論者によってさまざまに解釈され用いられているが、それらの特徴を大きく整理すると、①対象となる環境を効果的に操作する能力、②すべての人間が生得的本能とし

て、また学習の結果として備えている、③主体と環境との交互作用とフィードバックという力動的関係のうちに発達し、また退化するもの、である。効力感の蓄積が認められる場合にはコンピテンスは発達し、認められない場合には中断されるか退化するという（陳 2007: 69）。

　ソーシャルワーク実践では、さまざまな角度からコンピテンスが用いられている。たとえば、「ソーシャルワーカーの教育・資格に関するコンピテンス」の視点、被支援者、特に高齢者の「日常生活コンピテンス」の視点、エコロジカル視点を包含する「エコロジカル・コンピテンス」の視点、被支援者の文化を重視する「文化コンピテンス」の視点などである（陳 2007: 78）。

　被支援者の文化を重視するという意味では、ろう文化という独自の文化をもつ聴覚障害者への相談援助において、この文化コンピテンス（以下、カルチュラル・コンピテンス）は重要と思われる。その内容は、自分とは違った文化背景をもつ人へのかかわりにおいて求められる知識や技術である。

　次節においては、ソーシャルワーカーとは異なる文化背景をもつクライエントに対する異文化間ソーシャルワークにおけるカルチュラル・コンピテンスについて先行研究をレビューする。

2. 異文化間ソーシャルワークにおけるカルチュラル・コンピテンス

　欧米では文化背景の異なる多様な人びとが暮らすダイバーシティ社会が特徴となっているが、そのような中、カルチュラル・コンピテンスは多様な人びとを対象とするヒューマンサービス分野において必要となった概念である。Gallegos, J. S. らによると、ヒューマンサービス分野では、カウンセリング心理学やソーシャルワーク分野においてカルチュラル・コンピテンスがまず登場し、その後は看護学や教育学領域、最近では医学教育においても、カルチュラル・コンピテンスに関する文献が多く登場してきているという（Gallegos ら 2008: 51）。

　日本の文献を Cinii でカルチュラル・コンピテンスをキーワード検索しても、ヒットしたのはわずか9件と数少なく、欧米との違いは顕著である。

　そこでここでは、カルチュラル・コンピテンスの先行研究として、全米ソーシャルワーカー協会（NASW：National Association of Social Workers）と異

文化間ソーシャルワークの研究者である石河の2つのレビューをおこなう。

1 NASW のカルチュラル・コンピテンス

　本節では、異なる文化背景をもつクライエントへのソーシャルワーク実践理論である、異文化間ソーシャルワークを取り上げる。そして、異文化間ソーシャルワークを実践するソーシャルワーカーに求められるカルチュラル・コンピテンスについて考察する。

　アメリカのソーシャルワーカーの専門職団体である NASW は、カルチュラル・コンピテンスを「異文化間の状況において、システム、機関、または専門家が効果的にかかわる行動、態度、政策に合致することである」と説明し、『ソーシャルワーク実践におけるカルチュラル・コンピテンスの指標』を、2001 年と 2007 年に発表している（NASW 2001, 2007）。この中で、「ソーシャルワーク実践におけるカルチュラル・コンピテンスとは、クライエントがいかに自分たちのユニークさを社会の中で経験しているか、また、彼らをとりまく社会の中での相違点や共通点とに、いかにうまく折り合わねばならないかということを十分に自覚することである」と定義している。

　さらに具体的なカルチュラル・コンピテンスについて、NASW の「ソーシャルワーク実践におけるカルチュラル・コンピテンスの基準」（表 11）を取り上げ、レビューする。

　表 11 に示した「カルチュラル・コンピテンスの 10 の基準」は、異なる文化的背景をもつクライエントを対象とした、異文化間ソーシャルワークにおけるカルチュラル・コンピテンスの具体的な内容である。実際の相談場面において、ソーシャルワーカーが理解し習得しておかねばならない知識や技術である。具体的には、「異文化理解」「異文化技術」「サービス提供できる社会資源」、相手のコミュニケーション言語に応じる「多様な言語」といったことが求められる。また、これらに加えて、異文化を容認する「倫理と価値」をもち、それをソーシャルワーク実践で間違いなく実行できるように「自己覚知」していることが最重要ポイントとして示されている。

《表11》先行研究① ソーシャルワーク実践におけるカルチュラル・コンピテンスの基準

基準1	倫理と価値	ソーシャルワーカーは、専門職としての価値、倫理、基準に従い、個人や専門職の価値が多様なクライエントのニーズに対して、相反するか合致するかを認識せねばならない。
基準2	自己覚知	ソーシャルワーカーは、人びとの生活において、多文化のアイデンティティの重要性を高く評価する方法として、クライエントの個人的文化的価値と信頼を理解することに努めるべきである。
基準3	異文化理解	ソーシャルワーカーは、クライエントの歴史や伝統、価値、家族システム、芸術表現に関して理解し、専門知識を高める努力をするべきである。
基準4	異文化技術	ソーシャルワーカーは、援助過程において文化の役割を理解し、適切な方法論的アプローチやスキルやテクニックを使用すべきである。
基準5	サービス提供	ソーシャルワーカーは、コミュニティや社会においてサービスを活用する知識をもち、多様なクライエントへ適切にサービスを提供できるようにせねばならない。
基準6	エンパワメントと権利擁護	ソーシャルワーカーは、多様なクライエントに適した社会政策や計画の効果を認識し、どんな時もクライエントを権利擁護すべきである。
基準7	多様な労働人口	ソーシャルワーカーは、ソーシャルワーク計画や専門職が多様性を確保する機関において、就職、雇用の承認や保持する努力をサポートし、代弁すべきである。
基準8	専門教育	ソーシャルワーカーは、専門職としてカルチュラル・コンピテンスを促進させる教育やトレーニングプログラムに参加すべきである。
基準9	多様な言語	ソーシャルワーカーは、通訳者の活用も含め、クライエントに適した言語で情報やサービスを提供し代弁すべきである。
基準10	異文化間リーダーシップ	ソーシャルワーカーは、多様なクライエント集団に関する情報を他の専門職に伝えることができるようにすべきである。

(NASW 2007: 4-5)

2 異文化間ソーシャルワークのカルチュラル・コンピテンス

わが国においては歴史的に鎖国政策の影響のもと、多文化社会といえる北米や欧州諸国に比べると、外国文化をもつ人びとの占める割合は伝統的に低かった。近年においても、移民受け入れは少ないままにとどまっている。しかしながら昨今は、外国籍をもつ移住者は増加傾向にあり、日本の主流文化とは違う文化背景をもつ人たちへのソーシャルワーク実践も必要に迫られている状況がみられるようになってきている。

山口(2010)は、4項目のカルチュラル・コンピテンスを挙げている。①多

文化を理解する能力、②ソーシャルワーカー自身がもつ多文化に関する感覚を自己覚知すること、③多様な文化、その風俗・習慣や対応の留意点を身につけていること、④個人の文化や文化的集団における差異に配慮してソーシャルワークサービスを提供できる能力、である。前述のNASWでは10項目あるが、山口は4項目に集約している。

　また、児童相談所におけるカルチュラル・コンピテンスに関する実態調査が2008年に実施されており（高橋2008）、文化背景が異なる家庭等への児童相談所における相談等は数多くはないが、日本に居住する外国籍や無国籍の人びとが増加する中、今後はソーシャルワーカー自身の多文化に関する感覚を自己覚知することや、多様な文化、その風俗・習慣や対応の留意点について研修をおこない、カルチュラル・コンピテンスを担保する必要性があることを指摘している。また、「先住民族がおり、その後文化的な背景の異なる集団が入植した歴史的背景を持つ国々では、文化的背景の違いによる問題は古くから議論され、先住民族の持つ文化を重視するための方策が模索されてきた」（高橋2008: 15）ことから、その文化自体にネイティブな文化的コーディネーターなどが配置されている他国の状況も紹介されている。そして、「子どもの持つ文化の多様性に対応したサービスを提供できる多文化への対応能力、すなわち個人の文化や文化的集団における差異に配慮してサービスを提供できる力量」をカルチュラル・コンピテンスと定義している。

　次に、石河（2008: 137）が、北米におけるカルチュラル・コンピテンスの概念や方法をもとに、日本の状況に即したコンテクストに対応したミクロ・メゾレベルの実践について、異文化間ソーシャルワーク[2]の6つの援助技術を提示している（表12）。

　石河は、日本最大のブラジル人人口を抱える愛知県において多文化ソーシャルワーカー養成講座を立ち上げ実践研究をおこなっている。日本とアメリカにおける異文化間ソーシャルワーク実践をふまえ、日本の文脈で活用されるべきと考える援助技術を抽出したものである。これらの石河の援助技術は、筆者がいうところのカルチュラル・コンピテンスである。

《表 12》先行研究②　異文化間ソーシャルワークの 6 つの援助技術

①多様な文化や価値観などの知識の獲得によるクライエントの社会的・文化的背景の尊重
②偏見を抑制するための自分自身の文化に対する自己覚知・洞察
③クライエントの日本への適応のアセスメント
④クライエントの状況や問題の理解が高まるよう連携機関や他機関に対してのアドボカシー活動
⑤必要に応じた通訳者の活用
⑥公的機関に加え、外国人支援団体、日本語教室、教会、当事者組織などとのネットワーキング

(石河 2008: 137)

3. 聴覚障害ソーシャルワーカーのコンピテンスに関する先行研究

　わが国でのソーシャルワーカーのコンピテンスに関する先行研究は非常に少ない[3]。その中で聴覚障害ソーシャルワーカーのコンピテンスに関する研究はない。そこで、アメリカの聴覚障害ソーシャルワークの研究者であるSheridan らによるコンピテンス研究を紹介する。

　Sheridan は聴覚障害者のための総合大学であるギャローデット大学のソーシャルワーク学部および大学院の教授であり、実際に聴覚障害者を対象とした相談援助もおこなっているソーシャルワーク実践者でもある。Sheridan らが提示している聴覚障害ソーシャルワーカーのコンピテンスを、表 13 に示す。彼女たちは聴覚障害ソーシャルワーカーのコンピテンスとして、先行研究から 15 項目を抽出しているが、聴覚障害者とのソーシャルワーク実践を成功させるのは、効果的なコミュニケーション力が最も重要であると強調している。

　また、アメリカならではの障害者差別禁止法であるアメリカ障害者法（ADA）や、個別教育計画の実施を謳っている障害児教育法（IDEA）がある状況や、日本とは異なる様相を呈している多文化社会であるゆえのろう文化の認知度など、興味深い内容となっている。

　以上、本章では異文化間ソーシャルワークの NASW と石河によるカルチュラル・コンピテンス、および Sheridan らによる聴覚障害ソーシャルワーカーのコンピテンスを紹介した。

　次の第 6 章では、聴覚障害者を対象に相談援助をおこなっているソーシャルワーカーを対象に質的調査で得たデータを分析し、聴覚障害ソーシャル

《表13》 先行研究③　聴覚障害ソーシャルワーカーのコンピテンス

①教育の場やコミュニケーション、そして個人や家族システムの関係における選択肢
②文化的なアセスメントや介入のための行動や言語に関する気づき
③ライフサイクル上の人間行動や社会環境での心理社会な課題や、アイデンティティ、発達、多様な組織に関する課題
④最近の調査
⑤基本的なオージオロジー（タイプ、聴力損失の程度、技術、人工内耳に関する情報や潜在的重要性）
⑥原因や病気の始まり、ろう者か難聴者かといった重要なテーマ
⑦視覚的電気通信テクノロジー（TTYs※、デジタルポケベル、電気通信リレーサービス、ビデオ電気通信技術）や警報装置
⑧社会文化的な現実、社会構築、多文化の理解、多様なろう者や難聴者のコミュニティのための価値
⑨ろう者や難聴者個人、家族、グループ、コミュニティ、組織のストレングスと資源
⑩ろう者や難聴者、彼らの家族、コミュニティや組織とのアイコンタクトや空間的指向といった効果的な関与技術
⑪抑圧、差別、画一的なオーディズムといった経験を含む、独特な社会正義に関する論争
⑫リハビリテーション法（1973）、アメリカ障害者法、障害児教育法IDEA（1990）による市民権
⑬ろう者のメンバーがいる家族の心理社会ダイナミックス
⑭コミュニティに関する理解と専門的資源
⑮手話通訳者の専門倫理綱領の知識と適切な役割

※TTYsはアメリカで使用される聴覚障害者の電話通信機器の名称。　　　　（Sheridanら2008: 5-6）

ワーカーのコンピテンスの生成をおこなう。そして、その生成したコンピテンスと、本章で紹介した先行研究のコンピテンスとの比較を第7章でおこなう。

注
1　本研究では、専門的能力や力量、適性を表す専門用語として「コンピテンス（compitence）」を使用する。コンピテンス以外にもコンピテンシー（competency）の使用もあり、たとえば、NASWの"Encyclopedia of Social Work 20th"のキーワードを確認すると、competence, competencyの他、複数形のcompetenciesも使用されている。
2　異なる文化的背景をもつ人たちへのソーシャルワークの呼称については、Intercultural Social Work（異文化間ソーシャルワーク）、Cross-cultural Social Work（異文化間ソーシャルワーク）、Multicultural Social Work（多文化間ソーシャルワーク）など多様な表現がある。石河は、日本は北米のような多文化社会ではないことから、

「異文化間ソーシャルワーク」を使用している（2003）が、引用した2008年の論文では、「多文化ソーシャルワーク」と表現している。
3　CiNiiで日本における社会福祉分野での論文検索をおこなうと、コンピテンスは11編、コンピテンシーは3編であった（アクセス日2013年4月26日）。

第6章　聴覚障害ソーシャルワーカーのコンピテンス

1．調査分析②

①調査の目的と概要

　調査分析②では、聴覚障害者への相談援助をおこなっている聴覚障害ソーシャルワーカーのコンピテンスを生成することを目的とする。ソーシャルワーカーには専門的知識や技術を必要とするコンピテンスが求められるが、聴覚障害ソーシャルワーカーにはこれらのジェネラルな技能の他に、さらにスペシフィックな技能としてのコンピテンスが必要であると仮定し、その具体的なコンピテンスを明らかにする。調査方法は、聴覚障害ソーシャルワーカーにインタビュー面接を実施し、その調査内容をデータ化し、そしてKJ法による分析をおこない、具体的なコンピテンスを生成する。

②調査方法の選択理由

　第4章の調査分析①と同様に、本研究も先行研究が少ないため量的研究の実現性は低く、探索的データ収集による分析研究として質的研究をおこなうこととする（第4章1の「②調査方法の選択理由」を参照）。

　調査分析①と同様に、調査分析②においても質的調査を採用する理由をまとめると、以下のとおりである。

① 研究対象者である相談援助の専門性をもつ聴覚障害ソーシャルワーカーの母集団の規模が小さいこと。
② 本研究に関する現象が一般的に知られておらず、理論や概念が十分に示されていないこと。
③ 本研究の専門性を構築するためには、現象の徹底的な言語化をおこなう必要があり、その研究方法として質的研究が適切であること。

2．インタビュー調査の方法

①インタビュー調査の研究協力者

　インタビュー面接は、すべての研究協力者18人（表14）に対して筆者がおこなった。研究協力者は、調査分析①での研究協力者13人に加え、5人

《表14》調査分析② 研究協力者の基本属性

	仮名	年齢	相談歴	聴者or聴覚障害者	資格
1	A氏	50歳代	15年	聴覚障害者	社会福祉士
2	B氏	70歳代	35年	聴覚障害者	なし
3	C氏	30歳代	7年	聴覚障害者	精神保健福祉士・社会福祉士
4	D氏	30歳代	5年半	聴覚障害者	社会福祉士
5	E氏	30歳代	7年	聴者	社会福祉士・手話通訳士
6	F氏	50歳代	約10年	聴覚障害者	精神保健福祉士・社会福祉士
7	G氏	20歳代	1年	聴者	社会福祉士
8	H氏	40歳代	3年	聴者	社会福祉士
9	I氏	50歳代	約20年	聴者	社会福祉士・手話通訳士
10	J氏	20歳代	2年	聴者	社会福祉士
11	K氏	50歳代	33年	聴者	介護支援専門員
12	L氏	50歳代	6年	聴覚障害者	介護支援専門員・社会福祉主事任用資格
13	M氏	50歳代	30年	聴者	介護支援専門員
14	N氏	50歳代	約30年	聴者	手話通訳士
15	O氏	50歳代	10年	聴者	手話通訳士、保育士
16	P氏	40歳代	11年	聴者	手話通訳士
17	Q氏	40歳代	14年	聴者	手話通訳士
18	R氏	50歳代	28年	聴覚障害者	社会福祉士・介護支援専門員

の研究協力者を得て、計18人である。18人のうち、聴覚障害者は7人、聴者は11人である。性別は女性が12人、男性が6人で、年齢・相談歴ともに多様である。相談歴は、フルタイム勤務ではない者や長年ボランティアで聴覚障害者にかかわってきたという者もおり、一概に年数で示すことができず、概算を示した協力者が3人いる。また、研究協力者全員をソーシャルワーカーである社会福祉士または精神保健福祉士の国家資格取得者から選定したかったが、この資格の有資格者は18人中10人であった。現職時には資格制度がなかったため有資格者でない対象者も1人いた。1人以外は全員現職の相談支援従事者であり職名があるが、ろう者関係者は一般的に個人が特定されやすい狭いデフコミュニティに属しているため、あえて職名の記載は除外した。また、性別も同様の理由で記載していない。

2 インタビュー調査の方法およびデータ収集

インタビュー面接は、研究協力者全員に半構造的面接法でおこなった。半構造的面接法を用いた理由は、調査分析①と同様に、日頃の実践をもとに考

えることについて問いかけし、適宜質問をはさみながら、基本的には研究協力者の自由な語りを最大限に活用することを目的としたからである。主な質問事項は、①聴覚障害者への相談支援において重要視していること、②必要とされるスキル、③どのような知識が必要かについて、インタビューガイドを作成し面接をおこなった[1]。面接時間は1時間30分から2時間の間であった。調査は2010年12月から2012年2月までの期間に実施した。

調査分析①と同様に、研究協力者が聴者の場合は音声情報をICレコーダーに録音し、聴覚障害者が手話使用者の場合は手話通訳者の読み取り通訳をICレコーダーに録音するとともに、研究協力者の手話での語りをビデオカメラで録画した。読み取り通訳者の音声情報が曖昧な場合には、録画内容を確認する作業をおこなった。収集した音声情報はすべて逐語化した。

3 研究における倫理的配慮

調査依頼時には、研究協力者のプライバシーの保護および話題となるクライエントや事例に関する個人情報の保護、そして調査結果を報告する際には、個人の特定ができる内容にはしないことを文書で伝えて同意を得、またインタビュー開始時には口頭で再度説明し、承諾を得てからインタビューを開始した。

音声情報と手話を撮影した動画、ならびに逐語化したデータは、調査終了後には特にその保管には厳重に注意した。

なお、本研究は筆者が所属する日本社会福祉学会倫理指針に基づき実施した。また、勤務先である四天王寺大学の研究倫理審査委員会に審査を申請し承認を得ている。

4 分析方法

調査分析②においては、逐語化したデータの分析は、文化人類学者の川喜田二郎によって考案されたKJ法(川喜田1967, 1970)によりおこなった。KJ法を用いた理由は、以下のとおりである。

1. 調査分析②では、調査分析①でのインタビュー調査のデータを活用したので、大部分のデータがすでに手元にあった。そのため、M-GTAの特

徴の一つである理論的サンプリング、すなわちデータ収集とコード化の分析を同時におこない、次にどのようなデータをどこで収集すべきかを決めながら調査を進めていくという M−GTA の手法（舟島 2007: 101）と合致しないからである。

　KJ 法とグラウンデッド・セオリー・アプローチは極めて類似性の高い背景をもつ方法論（舟島 2007: 112）であり、M−GTA の提唱者である木下が、非常に近い関係にあるとその親近性を指摘している（木下康仁 1999: 170-176）ことからも、KJ 法採用を選択した。

2．KJ 法は、多くの断片的なデータを統合して、創造的なアイディアを生み出し、問題の解決の糸口を探っていくという手法である。先入観・偏見を排して、データを集め、データをまとめ、新たな視点からの発見や問題解決策を導き出す発想法でもある。

　川喜田が「頭の中で問題を提起し、次いで、その問題に関係ありそうな情報を探検に行く。続いて、ここの現象を観察し、記録し、こうして集めた情報を何らかの形でまとめる。この途中で多くの仮説が採択される」といった「完全な科学の全過程」（川喜田 1967: 22-23）[2] を見通し、その一段階としての位置づけを明確に提示した方法論（舟島 2007: 113）であることから、KJ 法を採用した。

　次に、調査分析②での、KJ 法による具体的な分析方法を説明する。川喜田が示す「紙切れづくり」「表札づくり」は、「紙切れ」に記述する方法はとらずに、パソコン画面上で操作しながら分析作業をおこなった。具体的には文字を赤字にする切片化作業をおこなった。赤字の部分の内容で類似する内容を集めて仲間をつくり、「表札づくり」をおこなった。そして表札の内容が近いものを再度集めて、最終的に生成した島を空間配置（川喜田の使用する用語では「島どり」）し、図解化することで概念図を作成する作業をおこなった。この作業では、川喜田が推奨する（川喜田 1970）ように、裏に糊がついた紙面に印刷したものを空間配置して、手作業にて図解化をおこなった。

3. 分析結果

①島・表札の生成

以上のKJ法による分析をおこなった結果、27の「表札」と7つの「島」が生成された。

生成された表札と島の内容を以下に示し、聴覚障害ソーシャルワークにおけるソーシャルワーカーのコンピテンスに関する全体像を示す。なお、島は【 】、表札は〔 〕で示し、島には（1）（2）……、表札には①②……の記号を用いた。KJ法の切片化作業の紙切れにあたる具体的なインタビュー内容は、紙幅の関係で研究協力者の主要な発言例のみを表に記載した。研究協力者のその他のデータは、巻末の資料2に示した。なお、発言例は、研究協力者が特定されないように、特徴ある言いまわしや方言は修正した。

(1)【多様な存在である聴覚障害者の理解】

〔表札〕	研究協力者の発言例
①〔聴覚障害者を理論的に理解する力〕	「そりゃもう聴覚障害者に対する正しい理解です」「聞こえないということを理論的に理解する過程は必要」「デフ・スタディーズ」
②〔聴覚障害者の特性の理解〕	「聴覚障害者と一括りにするっていうことは難しい」「聞こえないっていうことを軽くみている」「筆談すればすむだろうとか、目で見えるかたちにしたらすむだろうとかって思っている人がすごく多い」
③〔生活背景の理解〕	「手話がどんなにできても、相手の生活の基盤、背景がわからなければ、本当の支援はできない」「まず社会的な背景をきちんとつかむ必要がある」「聴覚障害に対する幅広い理解もつかんでないといけない」「聞こえない人の生活だったり、文化だったり、言葉だったり、それを理解する力」「聞こえない人の生活、聞こえない人のことをわかったうえで支援できる」
④〔教育環境の理解〕	「インテグレーションした学生なのか、ろう学校で育った学生なのか、そういうことは情報として知っておく必要がある」「教育歴がろう学校か地域の学校かによって全然支援の方法が違ってくる」「60超えている人など、昔はちゃんと教育受けていないので、文章も読めない」「若い聞こえない方は、高齢の方と違って教育環境も違う」
⑤〔歴史の理解〕	「社会的な背景や歴史をきちんとつかまないとね」「そういう社会的な背景をきちんとつかまないとね」
⑥〔ろう運動に関する理解〕	「聴覚障害者に関する、行事とか、イベントとか、団体に入るとか、まあ積極的にそういうところに参加して、聴覚障害者の現状を学ぶ必要がある」
⑦〔ろう文化に関する理解〕	「アメリカでいうろう文化と、日本で今いっているろう文化は、かなり違いがありますね」「それぞれの文化の考え方、それを抜きにして

〔表札〕	研究協力者の発言例
⑦〔ろう文化に関する理解〕	援助するのは難しい」「言葉だったり、文化だったりという……一言でまとめると異文化。異文化に敏感、関心をもっている人。柔軟的に考えられる人。そういうのが大事」

(2)【クライエントに応じたコミュニケーション・スキル】

〔表札〕	研究協力者の発言例
①〔さまざまなコミュニケーション・スキル〕	「その人に合わせた手話」「相手が望むコミュニケーション手段に、相談する者が合わせる必要があります」「自分のもっているコミュニケーション方法で自由に相談できると思えば、私だけに頼って、他には相談をもっていかない」「日本語を手話に置き換えるだけでいい方もあれば、そうじゃなくて、掘り起こしをしないと、もっと砕いた言い方をしないと返ってこない人もいる」
②〔直接的コミュニケーション力〕	「その方と私の直接のコミュニケーションが第一じゃないかなってふうに思ってるんですね」
③〔手話の知識と技術〕	「手話を覚えるのは3年も4年もかかります」「（コミュニケーションは）それぞれ違うので、まず、それを習得するのはすごくやっぱり時間がかかるだろうな」
④〔平易な表現を使って確認する力〕	「聞こえない人で生活問題抱えている人っていうのは、やっぱりコミュニケーションの能力がそれほど高くないうえに判断能力も高くない」「できるだけわかりやすい言葉を使う。あとは確認。わかったかどうか確認をとる」「砕いた言い方をしないと返ってこない人もいる」

(3)【幅広い相談内容への対応力】

〔表札〕	研究協力者の発言例
①〔多様な相談内容に対応できる力〕	「子どもから大人まで」「もう多岐にわたって」「本当に幅広いといえば本当に幅広いんです」「本当に何から何までですよね」
②〔問題解決が難しい聴覚障害者への相談支援ができる力〕	「重過ぎる問題です」「学校とどうかかわるかというところが、非常に難しかったです」「こういう聞き方で通じなかったらこっちの聞き方、あっちの聞き方で聞き出さないと、なかなかちょっと状況がつかめない時もありますね」「いろいろ引き出しながら解決していくけれど大変な面があります」
③〔聴覚障害者とラポールをつくる技術〕	「安心感だったり、またはこの人ならわかってくれるというそういう部分が大事」「ラポールをつくる技術、信頼をつくる技術が大事」
④〔依存的になりがちな聴覚障害者への対応力〕	「ろう者も手話のできる健聴者に甘えがち」「なんかそういう自分で考えようとか、そういう機会を奪われてしまっている」「長い間、何かあればそこに行けば助けてくれるっていう習慣になってしまっているので。……依存的な関係に」
⑤〔聴者クライエントとは異なる支援技術〕	「聞こえない場合には手話なので真向かいに座らないと意味がない」「ちょっと暗めのほうがいいのかっていうと、聞こえない人は明るいほうがいい」「その日通訳も準備しました、相談する側で。ろうの人も来ました。そこから相談始めると、何が何かわからないっていうふうなこともあるので、専門機関につなぐ前の相談（準備）が大事」「聞きながら書いたりできない」「同時にしゃべるのではなくて、誰か一人一人が話してから書く」

〔表札〕	研究協力者の発言例
⑥〔秘密保持に関する注意力〕	「ろうの世界は狭いから相談しても秘密が洩れるとか、そういうイメージをもたれてしまうことはやはり多い」

(4)【聴覚障害者のための制度に関する知識】

〔表札〕	研究協力者の発言例
①〔聴覚障害者のための制度の知識〕	「聴覚障害者と他の障害者とはちょっと違うのに、障害者自立支援法という制度にごちゃまぜに入れられてしまっているところから、何か聴覚障害者が大変な状況になっていると思う」「いろんな制度を知っていることが、絶対に必要になります」「いろいろな相談内容があるので知識、制度、全部身につけないといけない、それがなかなか大変な面があります」
②〔情報を集める力〕（(5)【聴覚障害者のための社会資源に関する知識】と共通）	「情報を集める力ですね」「確かにそういう情報をもっているということは最低限の力だと思います」

(5)【聴覚障害者のための社会資源に関する知識】

〔表札〕	研究協力者の発言例
①〔聴覚障害者のための社会資源の知識〕	「いっぱい（社会資源を）知っています。本人に 2、3 ヵ所見学させて、実習させて、お願いできる。そういうバックがないとね、本当にソーシャルワーカーの仕事はできない」
②〔少ない社会資源の中で支援していく力〕	「限られた社会資源、または制度の中で、できることを整理していく。ないものをつくってやっていくということですね。そういう力をもっているのが大事かなと思います」
③〔ネットワーク構築力〕	「多岐にわたる知識とネットワークをつくっておかないといけない」「関係機関と連携をとりながらしていくべきだと思うんです」「ゼロから説明しなければならないということで大変な面があります」
④〔情報を集める力〕（(4)【聴覚障害者のための制度に関する知識】と共通）	「情報を集める力ですね」「確かにそういう情報をもっているということは最低限の力だと思います」

(6)【IT 機器の活用術】

〔表札〕	研究協力者の発言例
①〔IT 機器を相談援助に活用できる力〕	「テレビ電話使用で相談面接」「アメリカの場合には、テレビで手話で話すみたいな、インターネットにつないでおこなう方法、オンライングループ、自助グループみたいのがある」

(7)【聴覚障害に関するアドボカシー】

〔表札〕	研究協力者の発言例
①〔聴者に聴覚障害者を啓発していく力〕	「なぜこういうふうな態度になるのか行動をするのかという具体的な内容から説明をします」「聞こえない社員の方が9時から5時まで毎日毎日一人ぼっちで仕事をしているってことに気づいてもらった」「聞こえる社員の人が『ありがとう』と言っているのに振り向いてないですね、本人のほうに。そうするとね、無視されたみたいな誤解とかその誤解の具体的なところを一つ一つ取り上げて」「聞こえない人はパッとストレートに言ってしまうので、そういうところも誤解を生じるというところがある」「わからない人についてはろうあ者とは何か、ゼロから説明しないといけないということで大変な面があります」
②〔聴覚障害者のストレングスを見つける力〕	「ろうの人が何もできないように思われるのは、ご本人の人権を傷つけることになると思うので、ご本人を尊重しつつ、こういうことはきちっとできる方です、というようなことも、一応お伝えしとかないと、なんでもかんでも通訳がいないとダメなのかっていうのも言われると困る」「聞こえる人で困った人って相談者のことを言う人は多いです。困った人っていう意味はどういう意味なのでしょうね」
③〔聴者社会とろう者社会の橋渡し的役割を担う力〕	「いろんな聞こえない人がいますということをわかってもらう説明をします」「聞こえない社員の人にも聞こえる社会のことをいろいろ説明すれば、聞こえる社員の人だって気持ちよく仕事をしたいのはお互いさまですし、そういう意味ではそんなに特にどういう説明するっていうことじゃなくて、現場現場でまちまちなんですけども、ただ、あんまり理論的な説明ではなくて、その本人見てもらって……」
④〔ソーシャルアクションができる力〕	「ソーシャルアクションができる力を、経験を積んで、早く身につけて、アクションを起こしてほしい」「制度が十分でない、社会資源もない、自分たちが専門資格を取って、それを社会にきちんとアピールしていく」「限られた社会資源や制度の中で、できることを整理していく。ないものをつくってやっていくということですね。そういう力をもっているのが大事」

2 結果の概念説明

　KJ法の分析方法により生成された結果から、7つの島を軸に次のように叙述化をおこなった。

(1)【多様な存在である聴覚障害者の理解】
　まずクライエントとしての聴覚障害者について理解することが基本となるが、この島は、①〔聴覚障害者を理論的に理解する力〕、②〔聴覚障害者の特性の理解〕、③〔生活背景の理解〕、④〔教育環境の理解〕、⑤〔歴史の理解〕、⑥〔ろう運動に関する理解〕、⑦〔ろう文化に関する理解〕の7つの表札から

カテゴリー化した。

①〔聴覚障害者を理論的に理解する力〕、②〔聴覚障害者の特性の理解〕、③〔生活背景の理解〕は、クライエントの理解、クライエントの環境の理解という点でジェネラルな技能でもあるが、以下の概念は聴覚障害独自のスペシフィックな技能といえる。

聴覚障害者が受けた④〔教育環境の理解〕は、時代背景により教育環境が大きく変遷しているから重要なコンピテンスである。1979年の学校教育法改正時までは、就学免除や就学猶予の制度があった。現在では、ろう学校は「特別支援学校」と変わり、インクルージョンの浸透により校区の学校にインテグレーションする聴覚障害児が増加している。手話口話論争などといったその時代背景によっても教育方法が違っている。ゆえに、クライエントの年齢・世代により多様な実態があるため、まずはクライエント理解として重要となる。60歳代以上の高齢者の中には、就学免除により公教育を受けていない者もおり、日本語の読み書きもできず、手話学習もできていない人たちもいる。このような教育に関する理解が求められる。

時代背景によって変化している聴覚障害者の生活環境を理解するために、聴覚障害者の⑤〔歴史の理解〕が必要であり、また、全日本ろうあ連盟が中核となっておこなわれてきている⑥〔ろう運動に関する理解〕も同様である。

⑦〔ろう文化に関する理解〕は、ろう文化の価値を認識する力や異文化に敏感で関心をもち柔軟に考えられる「コンピテンス力」が求められる。

これら7つの表札は、言い換えればクライエント理解として生成されたものであり、ろう者学（Deaf Studies）[3]と内容は同じである。聴覚障害者を理解するには必須である。

(2)【クライエントに応じたコミュニケーション・スキル】

聴覚障害者が使用するコミュニケーション手段は個々に異なり多様であるゆえに、ソーシャルワーカーには①〔さまざまなコミュニケーション・スキル〕が求められる。加えて、手話使用者を対象にする場合、手話通訳者を仲立ちに相談援助をおこなうことは否定され、②〔直接的コミュニケーション力〕が必要とされる。それゆえに、③〔手話の知識と技術〕は必須となるが、このコンピテンスは当然過ぎるものであり、インタビュー調査では研究協力

者の発言数としては少なかった。④〔平易な表現を使って確認する力〕は、多くの研究協力者が力説していた。

(3) 【幅広い相談内容への対応力】
　聴覚障害ソーシャルワーカーが扱うクライエントの生活課題は多様であり、すべてのライフサイクル上の相談内容を対象とする、①〔多様な相談内容に対応できる力〕が生成された。第2章1の「[2]多様なニーズと相談内容」で述べた内容が、本調査において論証されたといえる。
　他には、②〔問題解決が難しい聴覚障害者への相談支援ができる力〕、③〔聴覚障害者とラポールをつくる技術〕、④〔依存的になりがちな聴覚障害者への対応力〕、⑤〔聴者クライエントとは異なる支援技術〕、⑥〔秘密保持に関する注意力〕の計6つの表札からなるコンピテンスが生成された。
　⑥〔秘密保持に関する注意力〕はソーシャルワーカーとしては倫理綱領にも掲げられている基本原則であるが、聴覚障害者の場合は、狭いデフコミュニティ内での個人情報は特に注意されねばならないことが、研究協力者により多く述べられていた。

(4) 【聴覚障害者のための制度に関する知識】
　聴覚障害者のための制度やサービス内容を把握している必要があり、①〔聴覚障害者のための制度の知識〕が生成された。この島は当然といえば当然ゆえに、研究協力者の発言は全体としては少なかったが、重要なコンピテンスであると考えられる。
　制度はソーシャルワークにおいては社会資源でもあるため、(4)【聴覚障害者のための制度に関する知識】は、(5)【聴覚障害者のための社会資源に関する知識】に含まれるものであるが、聴覚障害ソーシャルワークでは活用できる聴覚障害者に関する制度が少ないため、ソーシャルワーカーのコンピテンスとして必須であるという理由で、あえて独立した島として示した。

(5) 【聴覚障害者のための社会資源に関する知識】
　少数派である聴覚障害者が利用できる社会資源は少ないため、活用できる社会資源に通じている必要があり、①〔聴覚障害者のための社会資源の知

識〕が生成された。加えて、②〔少ない社会資源の中で支援していく力〕、③〔ネットワーク構築力〕が生成された。

なお、(4)【聴覚障害者のための制度に関する知識】と (5)【聴覚障害者のための社会資源の知識】には、双方ともに〔情報を集める力〕が必要であるとの指摘が多くみられたため、それぞれの島に含めた。

(6)【IT 機器の活用術】

クライエントもソーシャルワーカーも聴者同士である相談援助では電話を使用するが、聴覚障害者の場合は、電話に代替可能なテレビ電話や、メールなどの視覚的情報のやりとりが重要となる。IT 機器の発達が聴覚障害者の生活をおおいに変化させたが、ソーシャルワーカーには、①〔IT 機器を相談援助に活用できる力〕が求められる。研究協力者の発言数は少なかったが、今後必要となってくるコンピテンスであると指摘する研究協力者の発言があったので、コンピテンスに組み入れた。

Sheridan ら（2008）は電気通信技術をソーシャルワーカーは習得すべきであると述べている。将来的には、聴覚障害ソーシャルワーカーもクライエントも、お互いわざわざ出向いて行かずとも、テレビ電話などでの面接が可能となる時代がくるだろう。アメリカで開催される ADARA[4] の研究大会では、手話通訳者が聴覚障害者のそばにいなくても、手話通訳者が勤務先の事務所や自宅で、パソコンの映像を通じて手話通訳するソフトを開発したとの報告があった。時間や場所を問わずに迅速に手話通訳が可能となる非常に有効な開発である。このように、聴覚障害者へのサービス提供には、【IT 機器の活用術】がコンピテンスとして必須である。

(7)【聴覚障害に関するアドボカシー】

聴覚障害は外見からはわからない障害のため、聴者にとってはその障害理解が難しい。それゆえに、聴者に聴覚障害者を理解してもらうためのアドボカシーが、重要なコンピテンスとして生成された。①〔聴者に聴覚障害者を啓発していく力〕、②〔聴覚障害者のストレングスを見つける力〕、③〔聴者社会とろう者社会の橋渡し的役割を担う力〕を、聴覚障害ソーシャルワーカーが担うことになる。いずれも聴覚障害者を病理モデルや欠損モデルでと

らえないことが重要である。
　④〔ソーシャルアクションができる力〕は研究協力者の発言としては少数であったが、アドボカシーの観点から重要ととらえ生成した。

4．聴覚障害ソーシャルワーカーのコンピテンス概念図

　以上の結果から、「聴覚障害ソーシャルワーカーのコンピテンス概念図」（図5）を作成した。
　7つの島のうち、まずクライエントである聴覚障害者を中央に示し、(1)【多様な存在である聴覚障害者の理解】を配置した。これはソーシャルワークにおいてクライエントである聴覚障害者の特性を理解することが重要なコンピテンスであり、生活背景、受けた教育、ろう者独自の歴史、ろう運動やろう文化の理解が求められるからである。これらは前述したようにろう者学と呼ばれる専門領域である。
　このクライエントに関する島（1）の周りに、6個の島がとりまく空間配置をおこなった。クライエントである【多様な存在である聴覚障害者の理解】をしたうえで、周りのコンピテンスがクライエントに向かっているという支援の意味を矢印で示した。

5．考　察

　以上、調査分析②の結果として、聴覚障害ソーシャルワーカーのコンピテンスである7つの島を生成することができた。聴覚障害ソーシャルワーカーに、ソーシャルワーカーとしてのジェネラルな技能の他に、スペシフィックな技能が必要とされる最大の理由は、(1)【多様な存在である聴覚障害者の理解】にあるといってよいであろう。これは研究協力者の発言が多かったコンピテンスである。「第2章　クライエントとしての聴覚障害者」で概説したように、多様な実態をスペクトラムでとらえる必要がある聴覚障害者を理解できなければ、相談援助はうまくおこなえない。また、クライエントをよく知ることはソーシャルワーカーのジェネラルな技能として必須であるが、多様な実態にある聴覚障害者を理解することは簡単ではない。図5で示したよ

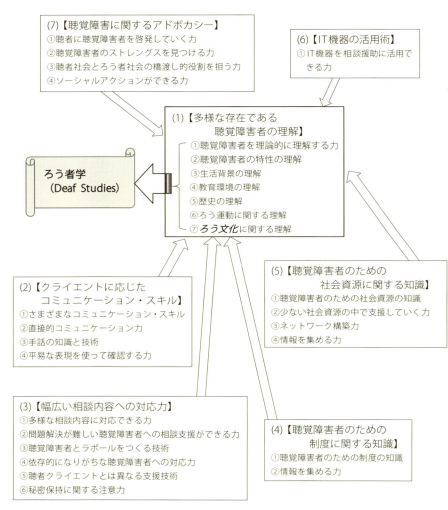

《図5》聴覚障害ソーシャルワーカーのコンピテンス概念図

うに、この（1）はろう者学と呼ばれ、海外では大学教育の中で専門教育として位置づけされている。

【多様な存在である聴覚障害者の理解】が重要なコンピテンスであるという結果は、多様性と少数派というキーワードが聴覚障害者の特徴であると第2章で述べたとおりである。

図5を俯瞰し「島」だけを見ると、「聴覚障害者」の文字を削除すれば、一見ジェネラリスト・ソーシャルワーカーのコンピテンスのようだが、各表札を見ると違いがわかる。

たとえば、島（1）の表札「⑦ろう文化に関する理解」は、聴者がろう文化を理解することは難しいが、高齢者文化や貧困文化はろう文化に比較すると誰もが理解しやすい。島（2）【クライエントに応じたコミュニケーション・スキル】については、音声言語のコミュニケーションであっても、個々のクライエントにより求められるスキルは違うというのは理解できるが、音声言語と手話は比較するには次元が違う。島（3）【幅広い相談内容への対応力】は、聴者の場合、ソーシャルワーカーの職場により、相談内容は限定されている。一人のソーシャルワーカーが児童から高齢者、貧困問題など、すべての相談を担当しない。聴覚障害ソーシャルワーカーは司法、学校、成年後見なども含むすべての相談内容を担当している。島（6）【IT機器の活用術】は、たとえばテレビ電話やiPadを使用する面接は一般的にはおこなわない。クライエントと離れている場合は、聴者とは電話で話すことができる。聴覚障害者との面接は手話を見る必要があるという点で、IT機器が必要になる。

見方を変えれば、ジェネラリスト・ソーシャルワーカーのコンピテンスと共通する概念図となったのは、ソーシャルワーカーのコンピテンス生成として当然ともいえ妥当ではないだろうか[5]。

続いて次章では、調査分析②において生成した聴覚障害ソーシャルワーカーのコンピテンスについて、第5章で示した先行研究の異文化間ソーシャルワークにおけるカルチュラル・コンピテンス、および聴覚障害ソーシャルワークにおけるコンピテンスの先行研究との比較研究をおこなう。

注
1　本章のコンピテンスに関する調査分析②は、「第4章 聴覚障害ソーシャルワークの枠組み形成」での調査研究①の研究協力者13人に対して、同時にコンピテンスに関する質問もおこなった。18人中5人はコンピテンスに関する調査のみ実施した。
2　川喜田の「完全な科学の全過程」とは、本文に引用した過程の続きとして、「次いで、もしその仮説が正しければ事態はこうなるはずであると、頭の中で推論が展開される。そこで、推論通りに現実がなっているかどうかをテストするための実験計画が立てられ、それに基づいて実際に観察と記録が行われる。このデータに基づいて仮説が正しいかどうか検証され結論に到達する」と説明されている（川喜田1967: 22-23）。
3　ろう者学の内容は以下のとおり（原2009）。

> ①聞こえに関する医学的、音響学的理解（残存聴力、失聴時期などの個別的理解）
> ②コミュニケーションに関する理解
> 　（手話、口話、筆談、身振り、トータルコミュニケーションなど）
> ③ろう教育に関する理解
> ④ろう文化に関する理解（Cross-Cultural Practiceの視点の重要性）
> ⑤就労・雇用に関する理解
> ⑥聴覚障害児・者の歴史に関する理解
> ⑦高齢聴覚障害者や重複聴覚障害児・者に関する理解

4　ADARAは、ろう者や難聴者へのサービス提供をおこなっているアメリカの専門職団体で、ソーシャルワーカーをはじめ多種にわたる専門職が会員となっている組織である。2年に一度研究大会が開催され、その他にも聴覚障害者のメンタルヘルスに関する研究大会なども開催されている（ADARA 2013）。筆者は2011年4月の研究大会に出席した。
5　調査分析②で作成した「図5 聴覚障害ソーシャルワーカーのコンピテンス概念図」を、日本手話通訳学会（第4回）基調講演（2013.6.22）で紹介した。この学会にはソーシャルワーク実践を兼務している者も多数おり、参加者から「普段の実践で考えていたことが概念化されている」との感想をもらった。また、聴覚障害者相談員数名を対象にしたグループセッション（2013.11.20 & 12.9）、日本聴覚障害ソーシャルワーカー協会主催の研究会（2013.6.29）でも同様なグループセッションをおこない、コンピテンス図を作成した。各グループが作成した図のコンピテンスの配置の仕方や図の表し方には多少違いがみられたが、内容的には大差はなかった。これらはトライアンギュレーションであり、研究成果の妥当性を示すことができるものである。

第7章　調査結果の考察と今後の研究課題
　　　──文化モデルアプローチの構築に向けて

本章では、調査分析②で生成した聴覚障害ソーシャルワーカーのコンピテンスと、第5章で提示した3つの先行研究（① NASW のカルチュラル・コンピテンス、②石河のカルチュラル・コンピテンス、③ Sheridan らによる聴覚障害ソーシャルワーカーのコンピテンス）との比較研究をおこない、本研究での調査結果の妥当性を検証する。そして、そこからみえてくる重要なポイントとして、クライエントのろう文化に関するソーシャルワーカーの自己覚知の重要性について考察する。また、就労支援におけるソーシャルワークのいくつかの言説から、ろう文化にポイントをおく「文化モデルアプローチ」を提示し、その可能性を考察する。

1. 調査結果の妥当性

　はじめに、筆者による調査分析②のコンピテンスに関する結果と3つの先行研究との比較をするにあたって、筆者が生成したコンピテンスをもとに、先行研究のコンピテンスとの共通点および相違点を検証するために、表15を作成した。なお、先行研究のコンピテンスに関する内容が、一つの文章に複数記載されているものがあり、その場合は筆者のコンピテンスとの類似性が高い内容を優先して枠内に記載した。

①先行研究との共通点

　まず、筆者の調査結果も含めた4研究に共通するコンピテンスについてまとめた表15をもとに考察する。4研究に共通するコンピテンスは、(1)【多様な存在である聴覚障害者の理解】、(5)【聴覚障害者のための社会資源に関する知識】、(7)【聴覚障害に関するアドボカシー】の3つであった（異文化間ソーシャルワークの場合は聴覚障害者ではなく、クライエントである）。

　一つ目の共通するコンピテンスは、(1)【多様な存在である聴覚障害者の理解】である。ソーシャルワークにおいてクライエントを十分に理解することは当然のことである。たとえば、クライエントに関する情報、クライエントをとりまく環境の理解、クライエントの ADL や IADL の情報が必要な場合もあり、これらのクライエントを理解するコンピテンスは、ソーシャルワーカーのジェネラルな技能である。しかし、聴覚障害ソーシャルワーク

《表15》コンピテンスに関する筆者の調査結果と先行研究との比較

聴覚障害ソーシャルワーカーのコンピテンス（筆者の調査結果）	異文化間ソーシャルワーク（NASW 2007）	異文化間ソーシャルワーク（石河 2008）	聴覚障害ソーシャルワーク（Sheridan ら 2008）
(1)【多様な存在である聴覚障害者の理解】 ①聴覚障害を理論的に理解する力 ②聴覚障害者の特性の理解 ③生活背景の理解 ④教育環境の理解 ⑤歴史の理解 ⑥ろう運動に関する理解 ⑥ろう文化に関する理解	・異文化理解〈基準3〉 ・異文化に対する適切なアプローチ〈基準4〉	①多様な文化や価値観などの知識の獲得によるクライエントの社会的・文化的背景の尊重 ③クライエントの日本への適応のアセスメント	⑧多様なろう者や難聴者のコミュニティのための価値 ④最近の調査 ⑭デフコミュニティに関する理解と専門的資源 ⑬家族の心理社会ダイナミックス ③心理社会的、アイデンティティ、発達、多様な組織に関する課題
(2)【クライエントに応じたコミュニケーション・スキル】 ①さまざまなコミュニケーション・スキル ②直接的コミュニケーション力 ③手話の知識と技術 ④平易な表現を使って確認する力	・多様な言語に対する対応力〈基準9〉	※	〈クライエントとの効果的なコミュニケーション力〉 ①教育の場やコミュニケーション、個人や家族システムに関係する選択肢
(3)【幅広い相談内容への対応力】 ①多様な相談内容に対応できる力 ②問題解決が難しい聴覚障害者への相談支援ができる力 ③聴覚障害者とラポールをつくる技術 ④依存的になりがちな聴覚障害者への対応力 ⑤聴者クライエントとは異なる技術 ⑥秘密保持に関する注意力	※	※	⑩アイコンタクトや空間的指向といった効果的な関与技術
(4)【聴覚障害者のための制度に関する知識】 ①聴覚障害者のための制度の知識 ②情報を集める力	※	※	⑫リハビリテーション法、アメリカ障害者法、障害児教育法による市民権

《表15》つづき

聴覚障害ソーシャルワーカーのコンピテンス（筆者の調査結果）	異文化間ソーシャルワーク（NASW 2007）	異文化間ソーシャルワーク（石河 2008）	聴覚障害ソーシャルワーク（Sheridan ら 2008）
(5)【聴覚障害者のための社会資源に関する知識】 ①聴覚障害者のための社会資源の知識 ②少ない社会資源の中で支援していく力 ③ネットワーク構築力	・クライエントに対するサービス提供〈基準5〉 ・就労支援に関するサポート〈基準7〉	⑥公的機関に加え、外国人支援団体、日本語教室、教会、当事者組織とのネットワーキング	⑨個人、家族、コミュニティや組織のストレングスと資源
(6)【IT機器の活用術】 ①IT機器を相談支援に活用できる力	※	※	⑦視覚的電気通信テクノロジーや警報装置
(7)【聴覚障害に関するアドボカシー】 ①聴者に聴覚障害者を啓発していく力 ②聴覚障害者のストレングスを見つける力 ③聴者社会とろう者社会の橋渡し的役割を担う力 ④ソーシャルアクションができる力	・エンパワメントと権利擁護〈基準6〉 ・異文化間におけるリーダーシップ〈基準10〉	④クライエントの状況や問題の理解が高まるよう連携機関や他機関に対してのアドボカシー活動	⑪抑圧や差別やオーディズムといった社会正義に関する論争
※	・倫理と価値の重要性〈基準1〉 ・<u>クライエントの文化に対する自己覚知</u>〈基準2〉 ・専門教育を受けてスキルアップを目指す〈基準8〉	②偏見を抑制するための<u>自分自身の文化に対する自己覚知・洞察</u> ⑤必要に応じた通訳者の活用	②<u>文化的なアセスメントや介入のための規範行動や言語、認知に関する気づき</u> ⑧多文化の理解 ⑤基本的なオージオロジー ⑥ろう者か難聴者かといった重要なテーマ ⑮手話通訳者の専門倫理綱領の知識と適切な役割

※印は該当するコンピテンスがないことを示す。下線は「クライエントの文化に対するソーシャルワーカーの自己覚知」のコンピテンスを示す。

や異文化間ソーシャルワークのクライエント理解については、社会の主流の文化とは違った文化背景をもつクライエントとしての理解が必要となる。クライエントがどのような背景をもつ存在であるのかを理解するのは、スペシフィックな技能である。

異文化間ソーシャルワークにおいては、「異文化理解」「異文化に対する適切なアプローチ」「多様な文化や価値観などの知識の獲得によるクライエントの社会的・文化的背景の尊重」「クライエントの日本への適応のアセスメント」である。聴覚障害ソーシャルワークにおいては〔多様なろう者や難聴者のコミュニティのための価値〕「デフコミュニティに関する理解と専門的資源」となる。

2つ目は、(5)【聴覚障害者のための社会資源に関する知識】が共通点である。異文化間ソーシャルワークのクライエントも聴覚障害者も、少数派であるために、彼らのための社会資源は限られている。それゆえに、〔少ない社会資源の中で支援していく力〕や、関係する組織との〔ネットワーク構築力〕が必要となる。

3つ目の共通点は、(7)【聴覚障害に関するアドボカシー】である。ソーシャルワーカーにとってアドボカシーは、ジェネラルな技能として重要なコンピテンスであるが、異文化間ソーシャルワークと聴覚障害ソーシャルワークでは、マイノリティであるクライエントを対象にしたソーシャルワークであるために、とりわけアドボカシーは重要と考えられる。クライエントに関するアドボカシーは、自文化とは違った異文化を背景に生活しているクライエントへの理解と対応力、そして異文化間の〔聴者社会とろう者社会の橋渡し的役割を担う力〕や、〔ソーシャルアクションができる力〕がスペシフィックな技能として重要になる。

以上、コンピテンスに関する筆者の調査結果と、3つの先行研究との共通点について検討を加えた。

２ 先行研究との相違点

次に、筆者の調査結果と先行研究との相違点について、筆者の生成したコンピテンスを軸に比較検討する。

(2)【クライエントに応じたコミュニケーション・スキル】は、石河の異

文化間ソーシャルワークのみ共通項はなかった。ただし、「必要に応じた通訳者の活用」がコンピテンスとして示されている。日本語でコミュニケーションがとれないクライエントとは、クライエントの母国語である言語に熟達した通訳者が介在することでよいという。必ずしもクライエントの母国語でソーシャルワーカーがコミュニケーションするべきとは書かれていない。しかし、筆者の調査結果では、「直接的コミュニケーション力」が生成されているように、手話通訳者が介在するのではなく、クライエントとの信頼関係を構築し、タイムラグが生じないためにも、クライエントと直接にコミュニケーションできることがコンピテンスとして必要との結果である。

次に、NASW および石河の異文化間ソーシャルワークにはなく、筆者の調査で独自に生成されたのは、(3)【幅広い相談内容への対応力】、(4)【聴覚障害者のための制度に関する知識】、(6)【IT 機器の活用術】であった。異文化間ソーシャルワークでの相談内容は聴覚障害者の場合と同様に、幅広い相談内容であると思われるが、【幅広い相談内容への対応力】はなかった。筆者は異文化間ソーシャルワークの専門家ではないので詳細な知識はもちえていないが、相談内容は日本での生活基盤をつくるための生活支援が大半を占めるのであろう。また、【IT 機器の活用術】はまったく必要としないことはないだろうが、聴覚障害者の場合ほど【IT 機器の活用術】は重要ではない。【聴覚障害者のための制度に関する知識】については、異文化間ソーシャルワークもクライエントのための制度に関する知識は必要と考えるが、コンピテンスには含まれていない。

聴覚障害ソーシャルワーカーのコンピテンスは、主流社会の文化とは違った自文化を背景に生活するクライエントを対象とする意味では、異文化間ソーシャルワークを援用したいところであるが、以上のように先行研究を考察した結果において、完全に一致するものではないことが明らかとなった。

Sheridan らによる聴覚障害ソーシャルワーカーのコンピテンスとの比較での大きな相違点は、「基本的なオージオロジー」「ろう者か難聴者かといった重要なテーマ」「手話通訳者の専門倫理綱領の知識と適切な役割」の4つのコンピテンスが、筆者の研究では生成されなかったことである。ソーシャルワーカーが補聴器や人工内耳、そして聞こえのしくみについての「基本的なオージオロジー」の知識をもつことは大切ではあるが、聴覚障害ソーシャ

ルワーカーのコンピテンスとするまでの必要はないと思われる。なぜならば、聴覚障害が発見されるのはほとんどが医療機関であり、オージオロジストが対応することが多いからである。ソーシャルワーカーがクライエントの聴覚障害者と対峙するのは、生活上の困難な課題を聴覚障害者が抱えた時である。したがって基礎知識としてオージオロジーを理解しておくことは必要であるが、コンピテンス生成には至らなかったと考える。

「ろう者か難聴者かといった重要なテーマ」は、彼ら自身のアイデンティティの違い、教育についての考え方の違いなど、確かにこのテーマへの理解は必要であるが、筆者の調査では生成されていない。また、「多文化の理解」については、日本はアメリカのような多文化社会ではないために生成されなかったと考える。「手話通訳者の専門倫理綱領の知識と適切な役割」は、アメリカのように手話通訳者とソーシャルワーカーの業務が完全に専門分化されていない日本の状況があるために、筆者の研究では生成されなかったと理解する。将来的に両者の役割が明確化した時には、この「手話通訳者の専門倫理綱領の知識と適切な役割」がコンピテンスとして生成されると予想される。

逆に筆者の調査結果にはなく、3つの先行研究にあるコンピテンスについて考察する。NASWは「倫理と価値の重要性」「クライエントの文化に対する自己覚知」「専門教育を受けてスキルアップを目指す」の3つ、石河は「偏見を抑制するための自分自身の文化に対する自己覚知・洞察」と前述した「必要に応じた通訳者の活用」であった。自己覚知およびスキルアップはソーシャルワーカーにとっては非常に重要なコンピテンスであるが、筆者の調査では生成されていない。

特に注目すべき点は、3つの先行研究には、「クライエントの<u>文化に対する自己覚知</u>」「偏見を抑制するための<u>自分自身の文化に対する自己覚知・洞察</u>」「<u>文化的なアセスメントや介入のための規範行動や言語・認知に関する気づき</u>」といったように、ソーシャルワーカーにとって重要なクライエントの文化に関する自己覚知のコンピテンスがあるが、筆者の調査結果ではみられなかったことである。聴覚障害者の特性への理解が必要であるとの発言が多く、この特性の中にはろう文化も含まれているということに聴覚障害ソーシャルワーカーたちは気づいていない。

調査分析②で生成されたのは〔ろう文化に関する理解〕である。研究協力者の発言には、「聞こえない人の相談をする時に、聞こえる、聞こえない、それぞれの文化の考え方、それを抜きにして援助するのは難しいなと思ってます」「言語について話す時、文化はやっぱりかかわってくる……」「一言でまとめると異文化。異文化に敏感、関心をもってる人。柔軟的に考えられる人。そういうのが大事かなと思います」などのように、ろう文化を敏感に意識して聴覚障害者への相談援助をおこなうことの重要性に関する内容がある。

　その一方で、「ろう文化っていう考え方はもってないです。……ろう文化を主張してるろうあ者が表現してる手話だけが手話だといってるんで、手話っていったらいろんな手話があると思うんですね」「それを文化という言い方でまとめちゃうのはどうかな。違和感をもった覚えはあります。聞こえない自分に誇りをもって生きていく、それはいいことだと思うんですけれども、……私はあんまりろう文化っていう言い方はあまり自分では言わないです」といった、ろう文化に関して懐疑的な発言もあった。

　日本においてはこのようにろう文化に関するさまざまな意見があり、まだ共通した認識に至っていないことがわかる。しかし、これらの発言はろう文化の存在を完全否定しているわけではなく、模索中であることが窺われる。また、このようにろう文化の重要性を述べている研究協力者にも、ろう文化の自己覚知についての必要性を述べる発言はなかった。唯一ひとりの研究協力者が「言葉だったり、文化だったりという……一言でまとめると異文化。異文化に敏感、関心をもっている人。柔軟に考えられる人。そういうのが大事かなと思います」と発言しているが、これは自己覚知に近いものである。

　以上、先行研究との比較から明らかになった相違点をまとめると、次の3点である。

(1) 聴覚障害ソーシャルワーカーのコンピテンスは、異文化間ソーシャルワークにおけるカルチュラル・コンピテンスと類似する項目は多いが、必ずしも完全に一致するものではない。
(2) Sheridanらの聴覚障害ソーシャルワーカーのコンピテンスと比較すると、アメリカではろう者か難聴者かといった視点ではなく、聴覚障害者の中

の多文化の視点や社会正義にまで言及している点が先駆的であった。聴覚障害者をとりまく社会環境の違いにより、ソーシャルワーカーのコンピテンスにも相違点がみられた。
(3) 3つの先行研究にはクライエントの文化に対する自己覚知の必要性がコンピテンスに含まれている。しかし、筆者の調査では「ろう文化に関する理解」は生成されているが、自己覚知の必要性までには至っていない。

ソーシャルワーカーにとって重要と考えられるクライエントの文化に対する自己覚知が生成されていない点については、わが国の聴覚障害者の状況をふまえ、次節にて検討を加えることとする。

2. ろう文化視点の重要性の確認――就労支援の事例をもとに

相談援助においてソーシャルワーカーが自己覚知をおこなうことは、非常に重要なことである。クライエントへのまなざしや援助における価値判断に偏りがないかどうかといった、自身を振り返る自己覚知は、クライエントの主体性を尊重する意味においても重要である。特に、聴覚障害ソーシャルワークにおいては、クライエントのろう文化に関してどのように考えるか、またどのように自己覚知しているかが相談に大きく影響を及ぼすことになる。

本節では、聴覚障害ソーシャルワーカーがクライエントのろう文化をどのように認識するかにより援助に違いがあることを、聴覚障害者への就労支援をおこなっている専門職である就労支援者の言説をもとに考察をおこなう。

就労支援における事例をもとに考察する理由は、社会生活の中で労働の場というのは、視覚優位の文化をもつ聴覚障害者にとっては、マジョリティである聴覚優位の文化をもつ聴者といかに協働していくかといった、文化の違う社会の中での生き方が問われる場であるからである。マジョリティである聴者の聴文化の中で働くマイノリティである聴覚障害者への支援を考察することから、ろう文化の重要性を確認することが可能と考え、就労支援者の言説を分析することとする。インテグレーション教育を受けてきた聴覚障害者の場合は、聴者社会での生活経験者であるとしても、学校という場はいわば

守られた場である。それに対してマイノリティを意識せざるをえない労働の場というのは、聴覚優位の聴文化と視覚優位のろう文化といった双方の文化理解にそれぞれが努めなければうまく適応できない場であるといえる。聴覚障害者の就労にかかわる専門職（ジョブコーチ、障害者支援専門員、手話協力員など）が、その業務において聴覚障害者をどのような視点で見ているのかを考察し、ろう文化視点の重要性を検証する。

具体的には、年に1回開催される聴覚障害者の労働問題に関するフォーラム[1]の報告書[2]の逐語録の中から、就労支援者が聴覚障害者の職場での不適応に関する発言部分を抽出し、その事例についてクライエントの文化を重視したかかわりにより、どのような変化があるかを考察する。

まず、聴覚障害者の職場不適応事例を以下に示す（口語体を文語体にし、文章を簡潔化した。下線は筆者による）。

〈聴覚障害者の職場不適応事例〉
① 本人は積極的に仕事を探し就職するが、すぐに辞める。その理由はいくつかあるが、<u>日本語のとらえ方にズレがあり、説明しても理解できないらしい</u>。会社の人には、入社する前に「家庭の都合でときどき休むかもしれない」と話したら、「それは仕方がないですね」と言われたことで、3ヵ月間のトライアル施行時に、1ヵ月に5、6回休んだ。それで会社から「休みが多いから」と正雇用にならなかった。本人は「最初に聞いた時には休んでもいいと言われた。だから休んだ。理解できない」と言う。（全日本ろうあ連盟 2009: 45）
② 職場の人から、「そんなに慌てる必要はない。最初だからゆっくりでいい」と言われたと、3ヵ月たっても生産量が最初と同じ。トライアル雇用が終わり、会社から「生産量が増えないから、継続雇用ができない」と言われた。<u>本人の思いは「ゆっくりやっていいと言われたからゆっくりやった。なぜ今、『数が増えない』と不満を言うのか」</u>と怒る。このようにズレが起きて仕事を辞めた。人間関係がスムーズにいかない。（同：46）
③ 「挨拶は必要と思ってしていたが、<u>聞こえる人はあいさつしても返してくれないから、やっても無駄だからやめた</u>」と言う。仕事がうまく

いっている時は、このことはそんなに気にならなかったが、仕事につまずいた後は、あいさつをするかしないかで人の気持ちが左右されるので、うまくいかない。(同：77)
④50歳くらいの方のあいさつの仕方は、<u>にこっと笑って手を上げる</u>。会社の人たちははじめの頃はうるさく言わなかったが、ずっとそれが続くので、上司の人が馬鹿にされたように思われ、こちらに相談があった。(同：112)
⑤やはり誤解というものが多い。私が就労支援で会社に行くと、会社の人は筆談しているけれど、すごくずれているということがある。ある時、喧嘩になったので来てほしいと言われ、行ってみると、<u>問題はちょっとしたことなのに長い文章で筆談され、ろう者の言いたいことと大きくズレて喧嘩になったケース</u>であった。(全日本ろうあ連盟2008：67)
⑥残業がないと説明を受けていても、職場では必要な時も出てくるが、<u>周りがどんなに忙しくしていても、自分は時間だからと帰ってしまうことがあり</u>、翌朝、職場の雰囲気も悪くなり、「みなにいじめられた」と思ってしまう。「何かお手伝いすることはありませんか」と声をかけるなど、<u>周りへの気遣いができずに、人間関係を壊してしまうこともある</u>。また、社内でお金を出し合って茶菓子を用意するような時も、そのルールがわからず、一人だけ先に食べてしまう。(同：67)

　以上の発言は、就労支援にかかわる専門職による聴覚障害者への就労支援における問題状況について述べたものである。①と②は指示された言葉を額面どおりに受け止めた結果、聴者の言葉の意図がつかめていない事例であり、③と④はあいさつの方法に関しての問題、⑤は聴覚障害者にとっての書き言葉の問題、⑥は聴者との時間的な感覚のズレや周りの雰囲気に適応できていないといった内容である。これらは本来業務にかかわる問題ではなく、職場の人間関係におおいに関係する事柄である。このような問題が生じることで、聴覚障害者には離職・転職が多く、またその理由として「職場の人間関係」の比率が高いという実態がある（全日本ろうあ連盟2009：60）。
　しかし、これらの状況は、聴者が多数派の主流社会であるがゆえに、聴覚

障害者が不適応を起こしているのであり、聴者側が聴覚障害者への配慮に欠けている視点は指摘されていない。聴者社会の中での不適応状況を、「聴覚障害者は困った人だ」と指摘するのは、聴者社会への同化を求める多数派である聴者優位視点であるといえないだろうか。聴者の文化とは違う聴覚障害者独自の文化、すなわちろう文化を聴者が理解できていないことから生じる問題があると考える。

　現在の労働の場は、冒頭にも述べたように多数派はもちろん聴者であり、聴文化優位の世界である。ろう者が聴文化を理解し、かつ同化することを目指して聴者社会で適応できればよいが、前述の①～⑥の就労支援者らの発言にあるように、ろう文化に関する理解がないと人間関係に支障が生じ、聴覚障害者は不適応を起こしてしまう。このようなことを避けるために、就労支援には専門のジョブコーチが大きな役割を担うことになり、そのジョブコーチには、完全な手話技術を身につけ、ろう文化を理解し、聴覚障害者独自のろう文化を理解し尊重するアプローチで支援できることが望まれるわけである。

　次に、ろう文化を意識したアプローチでとらえた言説を、以下に紹介する。ろう文化視点でのアプローチでは状況が変わることに注目したい。

⑦コミュニケーションの仲介をしてみると、会社の方から「へー！　聞こえない人がそんなことを考えていたのか」という反応が意外と多い。(全日本ろうあ連盟 2009: 78)

⑧聞こえない人の文化と聞こえる人の文化に違いがあると説明した。聴覚障害者には、聞こえない仲間同士の時は手を上げるやり方で、聞こえる人がいる会社の時は、声は出さなくてもいいから頭を下げるやり方をするように、あいさつの仕方を変えるように説明した。(同：112)

⑨上司は仕事に関して上手か下手かも、何も言わない。ろう者にしてみれば、何も話をしてもらえず孤独を感じている。その時、会社側には、「上手にできたら大げさに誉めてほしい」ということをお願いした。注意する時だけ話をするのでは、誉めてもらえないというイメージをもってしまうから。そうしたら、先日、誉めてもらったということで辞めずにすんだという例があった。(同：68)

これらはいずれも聴者に対して聴覚障害者の特性を説明している内容である。聴者からはわかりにくい聴覚障害者の実態を、聴者を基準とした「○○できない人」ではなく、ろう文化に視点をおいたアプローチである。⑦は聴文化視点でのアプローチでは、聴覚障害者には困ることが多くなる。まずはろう文化の構成要素として重要な手話について事業所に周知していくことが、就労支援における専門職の役割となる。⑧の発言は、聴文化とろう文化の違いを示している。⑨はコミュニケーション不足の事例であるが、一方が他方にだけ歩み寄るのではなく、コミュニケーション手段が違っていても、双方が歩み寄りお互いの文化を尊重することが重要であるというスタンスでの対応である。

> ⑩健聴者とろう者の世界のルールが違うということで、お互い寄り添って新しいルールづくりが必要である。手話協力員などが会社の方に話をして理解を深めることが大切だ。（全日本ろうあ連盟 2009: 78）

　⑩はろう文化の重要性が認識できており、支援においてクライエントの文化を自己覚知できている例といえよう。仮に、ろう文化の重要性が自己覚知できていない場合は、聴覚障害者に対して、聴者社会に適応することばかりを要求することとなる。マイノリティである聴覚障害者は、聴者社会に適応することを求められる視点で論じられると、適応できない聴覚障害者は「困った人」であると烙印を押されることになる。
　以上の例からわかるように、事業者側にろう文化に基づいた視点をもつソーシャルワーカーが働きかけることにより、両者の文化の橋渡し役を担うことができる。その役割がうまく遂行されるためには、聴者のソーシャルワーカーであればろう文化を理解することが求められ、反対に聴覚障害者のソーシャルワーカーであれば、聴文化の理解が必要となる。
　前述した聴覚障害者が就労場面で困っているという6つの事例も、ろう文化と聴文化の乖離から生じていると考えれば、双方の理解を進めていくことが可能である。①と②の聴者の言葉の意図がつかめていない事例では、手話と日本語との相違点を理解することが望まれ、③と④のあいさつの事例の場合は、ろう文化では視覚的に見えるようにあいさつをするという視覚文化で

あることを聴者は理解しておく必要がある。あいさつというのは一つの文化の表れである。ラテン系の人が頬と頬をくっつけるというのも一つの生活習慣だというのと同じである。ろう文化は視覚文化であるため、必ず相手が見ていることが必要条件であるが、聴者は相手が見ていなくても音声言語だけであいさつしてしまうことも多い。ろう文化のあいさつ方法を理解しなければ人間関係もうまくいかないのである。また、⑤の聴覚障害者にとっての書記言語の問題は、聴覚障害者にとってのろう文化に関する理解があれば、人間関係の問題に発展することにはならないだろう。 また、⑥の聴者との時間的な感覚のズレや聴者社会に適応するというのも、聴者側の文化の価値観に聴覚障害者を適応させるという医学モデルや個人モデルではなく、ろう文化を理解し尊重する文化モデルで対応すれば困った事例とはならないのである。聴文化を押しつけるのではなく、ろう文化を認めて尊重することが重要であり、ろう文化は視覚文化であることを肯定すれば、おのずと視覚による情報提供をおこなうことが当然となり、理解が進むことになろう。

　以上、就労の場におけるろう文化に着目した事例を考察したが、就労支援だけでなく、児童福祉、生活支援、教育など、聴覚障害者のすべての生活場面での介入において、ろう文化に基づく支援が重要である。

3. 文化モデルアプローチの提言

　ろう文化に関する自己覚知が、調査分析②でコンピテンスとして生成されなかったことに関しては、就労支援者の言説を分析した結果、ろう文化の重要性を認識している支援者の発言からわかるように、相談援助の場面ではろう文化を重視したまなざしが現に存在していることが窺われた。筆者の研究では、聴覚障害ソーシャルワーカーがろう文化に対してどのように認識しているかについての調査はおこなっていないが、ろう文化の重要性を認識しているが、自己覚知するまでには至っていないのだろうと推測する。聴文化にアイデンティティをもつソーシャルワーカーは、自文化とは違うクライエントの文化、すなわち本研究ではろう文化を理解することであり、主流文化・マジョリティ文化である聴文化の中で、マイノリティとしての現状を認識することを意味する。

そこで本節では、ろう文化に視点をおいたアプローチに関する先行研究をもとに、ろう文化視点を重視した「文化モデルアプローチ」を提示し、その可能性を示す。

　はじめに、ろう文化に視点をおいたアプローチに関する先行研究を紹介する。メンタルヘルスの領域では、Glickman N. S.（1996, 2003, 2013）とSheppard, K. & Badger, T.（2010）の研究がある。Glickmanは、文化肯定的アプローチ（Culturally Affirmative Approach）を提唱しており、たとえば、精神療法はコミュニケーションを通じて治療をおこなうことが重要であるため、ろう文化に理解のある専門スタッフを精神科病院に配置しなければならないと、ろう文化を肯定的にとらえている。そして、Sheppardらは、家族の中で共通のコミュニケーション手段をもたない聴覚障害者の場合は、孤立して成長することになり、その場合、聴覚障害者はうつ的状態になりやすいことを質的調査により指摘している。うつ的状態になることを回避するには、ろう文化を背景とするコミュニティ、いわゆるデフコミュニティのメンバーになることが大切であり、看護師はアセスメント時には、聴覚障害者のこの状況を理解して対処すべきであることを力説している。

　看護領域では、Fileccia, J.（2011）が、医療関係者は聴覚障害者が文化的言語的マイノリティであることを理解し、適切に対処せねばならないことを先行研究をもとに論じている。

　さらに、スクールソーシャルワークの領域では、Sinnott, C., Looney, D. & Martin, S.（2002）が、校区の学校に在籍する聴覚障害児への支援における全般的な課題に関する論文を発表している。その中で9つの課題を提示し、スクールソーシャルワーカーに熟考の必要性を論じている。9つの課題とは、①ろう文化、②家族、③コミュニケーション／言語発達、④孤立、⑤社会的スキル、⑥学年レベル、⑦セルフアドボカシー、⑧二次障害、⑨教師、である。たとえば、ろう文化に関しての一例として、聴覚障害児は個人的家庭事情を聞いたり、「太ったね！」などと不躾なことを言ったりすることが多いが、これは社会的に未熟なのではなく、ろう文化のコミュニケーションの特徴であり、スクールソーシャルワーカーはこのことを熟知しておかねばならないと説明している。

　最後に紹介するのは、デフコミュニティのメンバーになることの重要性

を論じているRogersら（2011）の研究である。彼らの研究では、ろう者としてのアイデンティティを確認するためにはろう者役割モデル（Deaf Role Model：DRM）が重要であり、ろう児やろうの若者、その家族、専門職だけでなく、ろう者自身にも同じろう文化を背景に生活する成人を役割モデルとすることに意義があることを、調査により明らかにしている。役割モデルとは自身の行動規範となる存在やお手本となる存在を意味し、アイデンティティ構築に重要とされるものであるが、ろう文化を背景とするろう者役割モデルの重要性を論じているのである。

以上、ろう文化視点に基づく支援に関する先行研究を紹介した。いずれもろう文化を肯定的にとらえ、ろう文化を聴覚障害者の独自の文化として理解することの重要性を述べている。ろう文化を肯定し尊重する姿勢は、聴文化や聴者社会に聴覚障害者を同化させるのではなく、聴者社会の人びとに対してろう文化を理解してもらうように介入するものである。このろう文化視点に基づくソーシャルワーク、すなわちクライエントのろう文化を理解し、自己覚知した聴覚障害ソーシャルワーカーの介入を「文化モデルアプローチ」と呼ぶこととする。

従来から、聴者に聴覚障害に関する理解を求める際、聴覚障害の特性について説明することが多かった。この場合の聴覚障害の特性とは、「聞こえないから筆談してあげてください」といった、「〇〇ができないから〇〇してあげてください」という説明に終始し、結局それが「聴覚障害者は〇〇ができない人」といった医学モデル視点を聴者側に生み出すこととなっているのである。ろう文化と聴文化との文化摩擦が、マイノリティである聴覚障害者のパーソナリティの問題と解釈され、その人個人の問題にすりかえられてしまうのである。ろう文化の理解を重視する文化モデルアプローチは、聴覚障害者に関してのポジティブな理解につながり、聴覚障害者の強さや良さといったストレングス視点であるともいえる。

前節で紹介した労働フォーラムの報告書の中に、「職業安定所の中はプライバシーがない。手話で話していると丸見えで、話の中身がわかってしまうから個室がほしい」（全日本ろうあ連盟2009: 113）という切実な要望を述べている参加者がいる。ろう文化は視覚文化であるという基本的なことを行政側が認識する必要があり、この点においても聴覚障害者への支援は文化モデル

アプローチでおこなえば、衝立を立てるという発想も簡単に出てくるはずである[3]。

国連の障害者権利条約は、障害によって生じる不利益を解消することを「合理的配慮」として重要なポイントに位置づけている。合理的配慮がなければそれは差別となり、不利益解消のための変更や改善、調整などをおこなわれなければならない。本研究で明らかにした文化モデルアプローチは、聴覚障害者への合理的配慮となり、これが聴覚障害ソーシャルワーカーのスペシフィックな技能の中核となる。

聴覚障害者は聴者社会の中ではマイノリティな存在であるが、ろう文化という独自の文化があると認識し、介入していくのが文化モデルアプローチであり、聴覚障害者にかかわるソーシャルワーカーに求められるものである。また、聴覚障害者も聴文化を理解することが重要であり、双方の文化に関する無理解や誤解による文化摩擦が生じた場合、聴覚障害者自身がろう文化を聴者に伝えていくことができるように、彼らをエンパワメントするのもソーシャルワーカーの重要な役割である。

ろう文化研究者のLaddは、ろう文化という独自の文化があることを完全に受け止めることは、医療・社会福祉モデルから聴覚障害者自身の心を脱植民地化するプロセスを始めるきっかけとなると指摘している（Ladd 2003=2007: 632）。脱植民地化とはLadd独自の表現であり、欠損モデルや病理モデルで聴覚障害者をアセスメントするのではないことを強調している。筆者の提唱する文化モデルアプローチは、いわばこのLaddの意見と根底では共通している概念である。

本研究における質的研究により導き出した聴覚障害ソーシャルワークの枠組み（p.69の図3）、理論的枠組み（p.80の図4）、聴覚障害ソーシャルワーカーのコンピテンス概念図（p.106の図5）の中で、聴覚障害者に固有な特性であるろう文化が抽出されている。このろう文化視点の重要性に着目し、「文化モデルアプローチ」をより体系化していく必要性を最後に確認しておきたい。

注
1　全日本ろうあ連盟が厚生労働省と高齢・障害者雇用支援機構の後援を受け、聴覚障害

者の労働問題に関するフォーラムを毎年開催している。正式名称は、「全国職業安定所手話協力員等研修会兼ろうあ者労働フォーラム」で、聴覚障害者への就労支援を担当しているハローワークの職員や手話協力員などが参加している。
2 　逐語録形態の報告書は毎回作成されているが、具体事例は第13回（2008）と14回（2009）の2年分から引用した。発言者の逐語録は話し言葉であり、方言や言い間違いの部分は、本来の意味内容が損なわれない程度に筆者が加筆修正した。
3 　開放された空間（窓口など）ではなく、個室で面談すればプライバシー保護になると考えがちであるが、個室では新たに来所した聴覚障害者は担当者がいないと早合点してしまい、よい対応ではないこともよく聞く話である。あくまでもろう文化は視覚文化であることを理解しなければならない。また、聴覚障害者のバリアフリーとは見えることが大前提であり、たとえば、エレベーターのバリアフリーはスケルトン状態の中が透けているのがよいという。これも視覚優位のろう文化である。

第8章　まとめ

1. 本研究の要約と結論

　本研究では、聴覚障害者の生活上の諸問題にかかわる聴覚障害ソーシャルワークにおける専門性に着目し、クライエントである聴覚障害者と、彼らを対象に相談援助をおこなう聴覚障害ソーシャルワーカーを研究対象とした。
　そして、以下の研究の目的3点について論考・検証し、聴覚障害者の特性をふまえた聴覚障害ソーシャルワークの専門性について実証的に分析をおこなった。

研究の目的
(1) ソーシャルワーク実践の枠組みが存在すること。
(2) 聴覚障害ソーシャルワーカーには、本来、ソーシャルワーカーとして必須であるジェネラルな技能の他に、聴覚障害に関する独自のスペシフィックな技能が必要不可欠であること。
(3) 聴覚障害ソーシャルワークには、多数派である聴者の聴文化に対して、少数派である聴覚障害者の〈ろう文化〉に関する視点が不可欠であり、それを基盤とする支援として「文化モデルアプローチ」が構築されうること。

　研究の目的(1)については、調査分析①として、聴覚障害ソーシャルワーカーを対象にインタビュー調査を実施し、収集したデータはM‐GTA（修正版グラウンデッド・セオリー・アプローチ）を用いて分析した。その結果、19の概念と7つのカテゴリーが生成され、聴覚障害ソーシャルワークの理論的枠組みを生成することができた。
　聴覚障害者のクライエントは、多数派の聴者社会の中では少数派であり、その実態は多様であるためにわかりにくい存在である。それゆえに聴覚障害ソーシャルワーカーには、聴覚障害に関する知識やコミュニケーション技術といった独自の専門性が必要である。そしてクライエントへの支援目標は個々のニーズ解決であるが、それらは総じて、多数派の聴者社会と少数派のろう者社会との関係性において生じる、さまざまな生活上の諸問題の解決といった関係性の改善である、との援助実践における枠組みが形成された。

《図3》聴覚障害者の特性を考慮した聴覚障害ソーシャルワークの枠組み
《図4》聴覚障害者へのソーシャルワークの理論的枠組み
(図3・図4ともに「第4章 聴覚障害ソーシャルワークの理論的枠組みの形成」を参照)

　研究の目的(2)については、聴覚障害ソーシャルワーカーのスペシフィックな技能を検証するために、調査分析②として、調査分析①と同じく聴覚障害ソーシャルワーカーを対象にインタビュー調査を実施し、ソーシャルワーカーとして必要な資質や知識・技術等のコンピテンスを、KJ法により生成した。
　調査結果から生成された聴覚障害ソーシャルワーカーのコンピテンスには、ソーシャルワーカーに必要である一般的なコンピテンスに加えて、下記に示す7つの独自のものがあった。

① 多様な存在である聴覚障害者の理解
② クライエントに応じたコミュニケーション・スキル
③ 幅広い相談内容への対応力
④ 聴覚障害者のための制度に関する知識
⑤ 聴覚障害者のための社会資源に関する知識
⑥ IT機器の活用術
⑦ 聴覚障害に関するアドボカシー
《図5》聴覚障害ソーシャルワーカーのコンピテンス概念図
(「第6章 聴覚障害ソーシャルワーカーのコンピテンス」を参照)

　そして、生成された7つのコンピテンスについて、クライエントの文化的背景に着目することでは共通点のある異文化間ソーシャルワークや、聴覚障害ソーシャルワークに関する先行研究との比較をおこなった。その結果、共通点は、【多様な存在である聴覚障害者の理解】【聴覚障害者のための社会資源に関する知識】【聴覚障害に関するアドボカシー】の3つのコンピテンスであった。相違点については、異文化間ソーシャルワークにない筆者の研究独自のコンピテンスは、【幅広い相談内容への対応力】【聴覚障害者のための

制度に関する知識】【IT機器の活用術】であった。また、【クライエントに応じたコミュニケーション・スキル】に関しては、石河の異文化間ソーシャルワークにはなかった。重要な相違点として、3つの先行研究にあって本研究のコンピテンスにないものは、「クライエントの文化に対する自己覚知」であった。

　これらのことから、次の3点が明らかとなった。

1. 聴覚障害ソーシャルワーカーのコンピテンスは、異文化間ソーシャルワークにおけるカルチュラル・コンピテンスと類似する項目は多いが、必ずしも完全に一致するものではない。
2. Sheridanらの聴覚障害ソーシャルワーカーのコンピテンスと比較すると、アメリカではろう者か難聴者かといった視点ではなく、聴覚障害者の中の多文化の視点や社会正義にまで言及している点が先駆的であった。聴覚障害者をとりまく社会環境の違いにより、ソーシャルワーカーのコンピテンスにも相違点がみられた。
3. 3つの先行研究には、クライエントの文化に対する自己覚知の必要性がコンピテンスに含まれているが、筆者の調査分析では生成されていない。「ろう文化に関する理解」は生成されているが、自己覚知の必要性までには至っていない。

　研究の目的(3)については、就労支援の事例をもとにろう文化視点の重要性の確認をおこなった。具体的には、就労支援に関するフォーラムの逐語録での報告書を文献調査し、クライエントのろう文化を認識したアプローチでは医学モデルで聴覚障害者を認識しないので、聴者社会との関係性の改善が有効におこなわれることが検証された。また、ろう文化を重視した先行研究からも、本研究の調査結果からみえてきたろう文化視点に基づく支援アプローチ、すなわち筆者が提唱する「文化モデルアプローチ」の有効性が確認できた。

　以上の3つの研究結果から見出された事象は、聴覚障害ソーシャルワークの独自の専門性を示すものである。

　なお、本研究は、独立行政法人日本学術振興会科学研究費補助金　基盤研

究C（研究代表者：原順子）課題番号 22530650「聴覚障害ソーシャルワークの専門性構築に関する研究」（2010～2012年度）の研究成果である。

2. 本研究の意義と限界

　本研究は、主として手話を第一言語とし、ろう文化にアイデンティティをもつ聴覚障害者を中心にしたソーシャルワーク論を展開し、ろう文化に焦点をあてた文化モデルアプローチの意義について論じた。

　しかし、第2章で述べたように、耳が聞こえない人びとにはさまざまなタイプが存在し、本研究が研究対象とした聴覚障害ソーシャルワークには、これらのさまざまなタイプの聴覚障害者を網羅する研究をおこなっていない。繰り返すが、ろう文化とは本質的には「手話を第一言語とする聴覚障害者の独自の文化」であるために、本研究の対象者である聴覚障害者とは、厳密にいえば「日本手話を使用する視覚的言語を第一言語とする人たち」を指すので、いわゆる「ろう者」を対象に論じた研究となっている。しかし本論でも述べたように、複雑な様相を呈している聴覚障害者を明確に「ろう者」「難聴者」……と分類してしまうことは不可能である。ゆえに、文化モデルアプローチは狭義では「ろう者」を対象とする聴覚障害ソーシャルワークのアプローチであるといえるが、広義にとらえた場合は、視覚情報を重視する人びとであるすべての「聴覚障害者」を対象とした概念であると考えている。

　聴文化にアイデンティティを有する聴覚障害者や、ろう文化を否定するろう者も存在する。まさしく聴覚障害者と一言で総称することが現実的ではないともいえる様相を呈している。本研究で提言した文化モデルアプローチは、ろう文化の視座を根底に有したアプローチゆえに、聴文化にアイデンティティをもつクライエントには合致しない場合もある。

　さまざまなクライエントを対象とするソーシャルワーカーは、文化モデルアプローチ以外の理論も構築しなければならない。しかし、今後、聴覚障害者自身のアイデンティティに変化がもたらされる可能性も否定できない。聴覚障害者への障害者観も含めて、今後の成り行きを注視していく必要がある。

　本研究では、聴者ならびに聴覚障害者の研究協力者にインタビュー調査を

おこなったが、聴者ソーシャルワーカーと聴覚障害者のソーシャルワーカーとの相違点については考察していない。また、ろう文化にアイデンティティをもたない聴覚障害者、たとえば聴覚補償をし、聴者にアイデンティティをもつ聴覚障害者については考察をおこなっていない。これらについては今後の研究課題としたい。また、本研究の目的は、探索的研究をおこなうことで聴覚障害ソーシャルワーカーのコンピテンスを明確化することであった。そこに通底する「聴覚障害者には聴者の文化とは違ったろう文化が存在する」ことを前提としたものであるが、ソーシャルワーク研究としてろう文化をどのように認識していくか、文化モデルアプローチについては、引き続き研究を継続していく予定である。

3．今後の課題

　聴覚障害ソーシャルワークには、本来ならば、集団を対象とするメゾ・ソーシャルワーク、地域社会を対象とするマクロ・ソーシャルワークも含まれるが、本研究では個人や家族を対象とするミクロ・ソーシャルワークを主として論じた内容となっている。聴者が多数派である地域社会において、聴覚障害者がよりよく生活できるためのメゾおよびマクロ・ソーシャルワークの研究も今後の課題としたい。

　また、幅広く多様な聴覚障害者への相談援助に対応できるソーシャルワーカーの育成が課題であり、そのための聴覚障害ソーシャルワーカーの養成カリキュラムの研究が求められる。本研究で明確となったスペシフィックな技能をもつソーシャルワーカーの養成とともに、聴覚障害者独自のろう文化視点の浸透に貢献できる研究に取り組んでいきたい。

　「文化モデルアプローチ」は、本研究では理論的にはその重要性を述べることができたが、実践レベルでの検証はまだ不十分である。この文化モデルアプローチに関しては、独立行政法人日本学術振興会科学研究費補助金　基盤研究C（研究代表者：原順子）課題番号2538081「聴覚障害者への相談支援における文化モデルアプローチの研究」（2013～2016年度）が採択されており、今後も研究を継続予定である。

文献リスト

ADARA (2013) (http://www.adara.org/, 2013.9.16).
Bristol 大学 Deaf Studies センター (2006) "Chapter5：Deaf Culture and its Roots" (http://www.bris.ac.uk/Depts/DeafStudiesTeaching/dhcwww/chapter5.htm, 2013.9.24).
Eriksson, P. (1998) *The History of Deaf People*, Daufr. (=2003, 中野善達・松藤みどり訳『聾の人びとの歴史』明石書店.)
Fileccia, J. (2011) Sensitive Care for the Deaf: A Cultural Challenge, *Creative Nursing*, 17 (4), 174-179.
舟島なをみ (2007)『質的研究への挑戦』医学書院.
外務省 (2015)「障害者の権利に関する条約（略称：障害者権利条約）」(http://www.mofa.go.jp/mofaj/gaiko/jinken/index_shogaisha.html, 2015.1.30).
Gallaudet University, Department of Social Work, "MSW Program Student Handbook 2005－2006".
Gallaudet University, Department of Social Work, "MSW Program Field Practicum Manual 2005－2006".
Gallaudet University (2013) (http://www.gallaudet.edu/, 2013.9.26).
現代思想編集部編 (2003)『ろう文化』青土社.
Gallegos, J. S., Tindall, C., & Gallegos, S. A. (2008) The Need for Advancement in the Conceptuazation of Cultural Competence, *Advances in Social Work*, 9 (1), 51-62.
Glickman, N. & Harvey, M. (Eds.) (1996) *Culturally Affirmative Psychotherapy with Deaf Persons*, Lawrence Erlbaum Associates.
Glickman, N. (2003) Cultural Affirmative Mental Health Treatment for Deaf People: What it looks like and why it is Essential, *Mental Health Care of Deaf People - A Culturally Affirmative Approach*, Lawrence Erlbaum Associates, 1-32.
Glickman, N. (Ed.) (2013) *Deaf Mental Health Care*, Routledge.
Golos, D. B., Moses, A. M. & Wolbers, K. A. (2012) Culture or Disability? Examining Deaf Characters in Children's Book Illustrations, *Early Childhood Education Journal*, 40 (4), 239-249.
Hamill, A. C. & Stein C. H. (2011) Culture and Empowerment in the Deaf Community: An Analysis of Internet Weblogs, *Journal of Community & Applied Social Psychology 21*, 388-406.
原順子 (2004)「聴覚障害児・者およびろう者への支援のまなざし――「ろう文化宣言」の考察から」『四天王寺国際仏教大学紀要』38, 69-77.
――――― (2006a)「ろう者・難聴者等への新たなまなざし (1)――現状分析からの考察」

『四天王寺国際仏教大学紀要』41, 147-157.
原順子（2006b）「ろう者・難聴者等への新たなまなざし（2）――ギャローデット大学にみるろう者観」『四天王寺国際仏教大学紀要』42, 101-113.
――――（2008a）「第5章第2節　聴覚障害者への支援の専門性」奥野英子編『聴覚障害児・者支援の基本と実践』中央法規出版, 112-115.
――――（2008b）「第8章第9節　ろう文化」奥野英子編『聴覚障害児・者支援の基本と実践』中央法規出版, 239-242.
――――（2008c）「聴覚障害ソーシャルワークの専門性・独自性と課題」『四天王寺大学紀要』46, 139-151.
――――（2009）「聴覚障害ソーシャルワーカーのコンピテンシーに関する一考察――Sheridan & White 論文"ろうと難聴"から考える」『四天王寺大学紀要』48, 93-106.
――――（2010）「聴覚障害者の雇用・就労の現状分析と就労支援に関する課題」『進化経済学論集』14, 783-793.
――――（2011a）「文化モデルアプローチによる聴覚障がい者への就労支援に関する考察――ソーシャルワーカーに求められるろう文化視点」『社会福祉学』51 (4), 57-68.
――――（2011b）「聴覚障害ソーシャルワーカーのカルチュラル・コンピテンスに関する一考察」『四天王寺大学紀要』52, 87-97.
――――（2012）「聴覚障害者の特性を考慮したソーシャルワーク実践のプロセス概念と枠組みに関する研究――聴覚障害ソーシャルワーカーの質的調査から」『四天王寺大学紀要』54, 117-130.
――――（2013）「聴覚障害者への相談支援におけるソーシャルワーカーのカルチュラル・コンピテンスに関する質的研究」『四天王寺大学紀要』55, 111-126.
星加良司（2009）「ろう者学にとって「障害学」は必要か？――障害学の立場から」障害学会第4回大会『障害学研究5』明石書店, 67-75.
石川准（2002）「ディスアビリティの削減、インペアメントの変換」石川准ほか編『障害学の主張』明石書店, 17-46.
石河久美子（2003）『異文化間ソーシャルワーク』川島書店.
――――（2008）「ソーシャルワーク教育におけるカルチュラル・コンピテンス――教育機関と地域の現状から」多文化間精神医学会『こころと文化』7 (2), 135-142.
人工内耳友の会〔ACITA〕（2013）「人工内耳」って？」（http://www.normanet.ne.jp/~acita/index.html 2013.9.24）.
亀井伸孝（2006）『アフリカのろう者と手話の歴史――A. J. フォスターの「王国」を訪ねて』明石書店.
――――（2009）『手話の世界を訪ねよう』岩波ジュニア新書.
神田和幸（2000）「ろう文化を考える」現代思想編集部編『ろう文化』青土社, 69-75.
関西手話カレッジ編（2009）『ろう者のトリセツ聴者のトリセツ』星湖舎.

川喜田二郎（1967）『発想法――創造性開発のために』中公新書.
――――（1970）『続・発想法――KJ法の展開と応用』中公新書.
川村隆彦（2003）『事例と演習を通して学ぶソーシャルワーク』中央法規出版.
河﨑佳子（2004）『きこえない子の心・ことば・家族――聴覚障害者カウンセリングの現場から』明石書店.
萱間真美（2007）『質的研究実践ノート――研究プロセスを進めるclueとポイント』医学書院.
木村晴美・市田泰弘（2000）「ろう文化宣言――言語的少数者としてのろう者」現代思想編集部編『ろう文化』青土社, 8-17.
木村晴美（2007）『日本手話とろう文化――ろう者はストレンジャー』生活書院.
――――（2009）『ろう者の世界――続・日本手話とろう文化』生活書院.
――――（2010）「ろう文化」日本社会学会社会学事典刊行委員会『社会学事典』丸善出版, 458-459.
木下武徳（2008）「第5章第8節　ろうあ者相談員の現状と課題」奥野英子編『聴覚障害児・者支援の基本と実践』中央法規出版, 145-150.
木下康仁（1999）『グラウンデッド・セオリー・アプローチ――質的実証研究の再生』弘文堂.
――――（2003）『グラウンデッド・セオリー・アプローチの実践――質的研究への誘い』弘文堂.
――――（2007）『ライブ講義M‐GTA　実践的質的研究法　修正版グラウンデッド・セオリー・アプローチのすべて』弘文堂.
草薙進郎・齋藤友介（2010）『アメリカ聴覚障害教育におけるコミュニケーション動向』福村出版.
Ladd, P.（2003）*Understanding Deaf Culture: In Search of Deafhood*, Multilingual Matters Ltd.（=2007, 森 壮也監訳『ろう文化の歴史と展望――ろうコミュニティの脱植民地化』明石書店.）
Lane, H.（1999）*The Mask of Benevolence Disabling the Deaf community*, Dawnsign press.（=2007, 長瀬修『善意の仮面――聴能主義とろう文化の闘い』現代書館.）
――――（2005）Ethnicity, Ethics, and the Deaf –World, *Journal of Deaf Studies and Deaf Education*, 10 (3), 291-310.
松岡克尚（2007）「『障害者ソーシャルワーク』への展望――その理論的検討と課題」『ソーシャルワーク研究』相川書房, 4-14.
松岡克尚・横須賀俊司（2011）「なぜ『障害者ソーシャルワーク』なのか――はじめにかえて」松岡尚久・横須賀俊司編『障害者ソーシャルワークへのアプローチ――その構築と実践におけるジレンマ』明石書店, 3-13.
三毛美予子（2003）『生活再生にむけての支援と支援インフラ開発――グラウンデッド・

セオリー・アプローチに基づく退院援助モデル化の試み』相川書房.
森壮也監訳（2007）「監訳者あとがき」『ろう文化の歴史と展望――ろうコミュニティの脱植民地化』明石書店, 733-737.
内閣府（2012）『障害者白書　平成 24 年度版』.
ナカムラ カレン（2009）「障害学とろう者をつなぐ立場から」障害学会第 4 回大会シンポジウム『障害学研究 5』明石書店, 52-60.
中村公枝（2010）「第 1 章　聴覚と聴覚障害」中村公枝他『標準言語聴覚障害者学　聴覚障害学』医学書院, 2-13.
NASW（2001）*NASW Standards for Cultural Competence in Social Work Practice*, NASW.
――――（2007）*Indicators for the Achievement of the NASW Standards for Cultural Competence in Social Work Practice*, NASW.
――――（2008）*Encyclopedia of Social Work 20th Edition*, NASW Press & Oxford University Press.
New Zealand 社会開発省（2013）"Common questions about the need for a New Zealand Sign Language Act."（http://www.odi.govt.nz/what-we-do/nzsl/nzsl-common-questions.html#Whatis Deafculture9, 2013.9.24）.
日本弁護士連合会（2005）「手話教育の充実を求める意見書 別紙」（http://www.nichibenren.or.jp/library/ja/opinion/report/data/2005_26_2.pdf, 2014.11.8）.
日本聴覚障害ソーシャルワーカー協会（2010）『聴覚障害者への専門的相談支援研究事業報告書』.
野澤克哉（2001）「ソーシャルワーク概論」『聴覚障害者のケースワークⅣ』聴覚障害者問題研究会.
日本社会福祉士会専門社会福祉士認定制度準備委員会（2011）『専門社会福祉士認定システム構築事業報告書』.
奥田啓子（2002）「ろう者をめぐるソーシャルワーク実践の基礎的考察――アメリカの専門誌にみる援助観の動向を中心として」『社会福祉学』43 (1), 155-164.
奥野英子（2008）「第 5 章　聴覚障害児・者へのソーシャルワーク支援」奥野英子編『聴覚障害児・者支援の基本と実践』中央法規出版, 104-149.
Oliver, M. & Sapey, B.（2006）*Social Work with Disabled People 3rd edition*, Palgrave Macmillan. (=2010, 野中 猛監訳、河口尚子訳『障害学にもとづくソーシャルワーク　障害の社会モデル』金剛出版.)
Padden, C. & Humphries T.（1988）*Deaf in America: Voices from a Culture*, Harvard University Press.（=2003, 森荘也・森亜美訳『ろう文化案内』晶文社.）
Padden, C.（1989）The Deaf Community and the Culture of Deaf People in Sherman Wilcox ed, *American Deaf Culture: An Anthology*, Silver Springs, Linstok Press, 1-16.（=2001, 鈴木清史・酒井信雄・太田憲男訳『アメリカのろう文化』明石書店, 11-31.）

Rogers, K. & Young, A.(2011)Being a Deaf Role Model: Deaf People's Experiences of Working with Families and Deaf Young People, *Deafness & Education International*, 13 (1), 2-16.

斉藤くるみ(2007)『少数言語としての手話』東京大学出版会.

酒井邦嘉(2002)『言語の脳科学――脳はどのようにことばを生みだすか』中公新書.

社会福祉士養成講座編集委員会(2010)『新・社会福祉士養成講座6　相談援助の基盤と専門職』中央法規出版.

社会福祉振興・試験センター「社会福祉士・介護福祉士・精神保健福祉士の都道府県別登録者数」(http://www.sssc.or.jp/touroku/pdf/pdf_t04.pdf, 2015.1.18).

Shapiro, J. P.(1993)*No Pity: People with Disabilities Forging a New Civil Rights Movement*, Three Rivers Press.(=1999, 秋山愛子訳「第3章　別の文化を祝福するろう者」『哀れみはいらない――全米障害者運動の軌跡』現代書館, 115-158.)

Sheppard K. & Badger T.(2010)The Lived expreience of Depression among Culturally Deaf Adults, *Journal of Psychiatric and Mental Health Nursing*, 17, 783-789.

Sheridan, M. A. and White, B. J.(2008)Deafness and Hardness of Hearing, *Encyclopedia of Social Work 20th Edition*, 2, NASW Press & Oxford University Press, 1-10.

Sheridan, M. A., White, B. J. and Mounty, J. L.(2010)Deaf and Hard of Hearing Social Workers Accessing their Profession: A Call to Action, *Journal of Social Work in Disability & Rehabilitation*, 9, 1-11.

澁谷智子(2009)『コーダの世界――手話の文化と声の文化』医学書院.

―――(2011)「大学の授業におけるろう者の語り――ろう者ゲストの招請とその教育的効果」『手話学研究』日本手話学会, 20, 11-18.

新村出編(2004)『広辞苑　第五版』岩波書店.

白澤政和(2010)「第1章　相談援助とは」社会福祉士養成講座編集委員会編『新・社会福祉士養成講座7　相談援助の理論と方法Ⅰ』中央法規出版, 1-25.

Sinnott, C., Looney, D. and Martin, S.(2012)Social Work with Students Who are Deaf or Hard of Hearing, *School Social Work Journal*, 36 (2). 1-14.

田垣正晋(2008)『これからはじめる医療・福祉の質的研究入門』中央法規出版.

田門浩監修(2008)『手話と法律・裁判ハンドブック』生活書院.

高山亨太(2008)「第3章第5節　ギャローデット大学における教育」奥野英子編『聴覚障害児・者支援の基本と実践』中央法規出版, 83-88.

高橋重宏ほか(2008)「児童相談所におけるカルチュラル・コンピテンスに関する研究」『日本子ども家庭総合研究所紀要』45, 3-36.

陳麗婷(2007)「知的障害者の一般就労に影響を及ぼす要因の解明」『社会福祉学』48 (1), 68-80.

植村英晴(2001)『聴覚障害者福祉・教育と手話通訳』中央法規出版.

山辺朗子(2006)「個別面接場面におけるコミュニケーション」ソーシャルワーク研究所

編『ソーシャルワーク研究』32 (3), 相川書房, 13-19.
山口幸夫（2010）「定住外国人の子どもの教育等に関する政策──社会福祉・ソーシャルワークの視点から」定住外国人の子どもの教育等に関する懇談会, PPT 資料.
上農正剛（2003）『たったひとりのクレオール──聴覚障害児教育における言語権と障害認識』ポット出版.
米川明彦（2002）『手話ということば──もう一つの日本の言語』PHP 研究所.
脇中紀余子（2009）『聴覚障害教育これまでとこれから──コミュニケーション論争・9 歳の壁・障害認識を中心に』北大路書房.
Wax, T. M.（1995）Deaf Community, *Encyclopedia of Social Work 19th*, NASW, 679-684.
全国ろう児をもつ親の会（2004）『ろう教育と言語権──ろう児の人権救済申立の全容』明石書店.
─── （2006）『ろう教育が変わる！──日弁連「意見書」とバイリンガル教育への提言』明石書店.
全日本ろうあ連盟（2003）「『日本手話』によるろう教育を求める『人権救済申立』に対する見解」全日本ろうあ連盟ホームページ（アクセス日 2003.10.17，現在は削除．全文は脇中紀余子 2009: 57 に掲載）．
─── （2007a）『聴覚障害者の相談の資格・認定に関する調査研究及び聴覚障害者相談支援へのケアマネジメント等の研修事業　平成 18 年度報告書』．
─── （2007b）「世界ろう連盟の基礎情報」（http://www.jfd.or.jp/int/wfd/wfd-info.html, 2014.11.8）．
─── （2008）「第 13 回全国職業安定所手話協力員等研修会兼ろうあ者労働問題フォーラム」．
─── （2009）「第 14 回全国職業安定所手話協力員等研修会兼ろうあ者労働問題フォーラム」．

おわりに

　筆者が聴覚障害児に聴能言語訓練をおこなっていた頃、「なぜ聞こえない人が一方的に聞こえる人に合わせて生きなければならないのだろうか」という疑念を、心の中にぼんやりと抱いていた。その後、Lane を代表とするアメリカのろう者の主張（大文字表記の Deaf）を知り、また、障害学との出会いの中で「障害は社会によってつくられる」という障害の社会モデルを知った。その時に、心の中での違和感を違和感で終わらせてしまわない、学問の大切さを思い知った。

　4年に1度開催される「世界ろう者会議」が2007年にスペインで開催された時、Lane 氏の講演があるのを知り、私は参加した。彼は聴者であるが、ろう者の主張を理論的に話された講演では、出席していた聴覚障害者たちから拍手喝采を受けた。私は Lane 氏に会いたいがために遥々スペインにやってきたのだからと、講演終了後に勇気を出してお話をさせていただいた。「日本では聴覚障害者を文化的に理解する考えがアメリカのようにはなかなか広がらない」と伝えると、「フランスも同じ状況だったが、今ではずいぶん変わってきている。主張し続けることが大事だ」と、とてもにこやかに答えてくださったことを鮮明に記憶している。

　本書『聴覚障害者へのソーシャルワーク――専門性の構築をめざして』は、従来から心に抱いていた疑念に関して私なりのスタンスでまとめたものとなった。ソーシャルワーカーに必要なジェネラルな技能だけでなく、本研究で明らかにしたスペシフィックな技能をもつ聴覚障害ソーシャルワーカーが、その専門性を生かした相談援助活動をおこなうことで、何らかの福祉ニーズをもつ聴覚障害者への相談援助に寄与できることになれば幸いである。

謝　辞

　本書は、筆者が聴覚障害児の聴能言語訓練に携わっていた頃から漠然と抱いていた問題意識を土台として、聴覚障害者への相談援助にかかわる専門性について研究したものです。今回、関西大学大学院社会学研究科に提出した博士学位論文を若干修正し、新たに完成させることができました。執筆に際しましては、たくさんの方々からのお力添えをいただき、心よりお礼を申し上げます。

　はじめに、関西大学大学院社会学研究科の松原一郎先生に深く感謝いたします。同大学院博士後期課程の指導教官である松原先生には、いつも温かくご指導いただきました。感謝の気持ちは言葉に言い表せません。遅々として研究が進まない時は、私をエンパワメントしてくださり、時にはストレングス視点でご指導いただきました。まるでソーシャルワーカーのように私を本研究の完成という課題解決へと導いてくださいました。深く感謝申し上げます。

　また、副査の労をとっていただきました関西大学大学院社会学研究科の間淵領吾先生、そして学外審査委員のお立場で同じく副査の労を担っていただきました関西学院大学人間福祉研究科の松岡克尚先生には、たくさんのご助言やご指摘を頂戴し感謝いたしております。

　関西大学大学院博士前期課程在学中には、指導教授であられた故雀部猛利先生（関西大学名誉教授）には、私を研究者へのスタートラインへと導いてくださいました。本論文執筆におきましては、雀部先生の門下生である、中田智恵海先生（佛教大学）、明石隆行先生（種智院大学）、桂良太郎先生（立命館大学）のみなさまにも、たくさんご指導いただきました。ありがとうございました。

　松原ゼミナールの梅谷進康氏（静岡福祉大学）、新道由記子氏、栄沢直子氏のみなさんにも、多忙な中、貴重な助言をたくさんいただきました。特に梅

谷氏には、心強いサポートにより最後の最後まで論文をチェックしていただきました。大変お世話になりました。

　また、本論文のテーマである、聴覚障害者への相談支援をおこなっている専門職団体「一般社団法人日本聴覚障害ソーシャルワーカー協会」の役員ならびに会員のみなさまには、日頃の相談援助に関する興味深いお話を、メールや研究大会などでご教示いただきました。今回の研究に生かすことができ、感謝いたしております。

　そして、本研究のインタビュー調査での研究協力者となっていただいたみなさま方に、お礼を申し上げます。みなさまのご協力がなければ本研究は成り立たなかったと思います。ありがとうございました。

　以上のように、多くの方々からのたくさんのご支援をいただきましたおかげで、本研究を完成させることができました。あらためまして深く感謝いたします。また、私が研究職に就くことのチャンスをつくってくださった、私の高校時代の恩師である小谷正典先生、この場をお借りして感謝の気持ちを伝えさせていただきます。

　最後になりましたが、陰ながら応援してくれた家族や友人に、心からお礼を言いたいと思います。

2015 年 1 月

原　順子

事項索引

ア行

アイデンティティ　5, 6, 16, 19, 20, 23, 29, 31, 50, 115, 122, 124, 131, 132
アメリカ手話　29, 31, 33, 37, 40, 41, 44, 45
異化　3, 6
医学モデル　30, 31, 122, 124, 130
イギリス手話　17, 40, 41
異文化間ソーシャルワーク　12, 13, 56, 81, 84-91, 107, 110, 113, 114, 116, 129, 130
インクルーシブ教育　22, 42
インタビュー調査　12-14, 56, 60-63, 65, 84, 94-96, 102, 128, 129, 131
インテグレーション（統合）教育　20, 117
英語対応手話　17, 40
エンパワメント　4, 125

カ行

カルチュラル・コンピテンス　13, 56, 85-89, 107, 110, 116, 130
感音性難聴　16, 27
関西手話カレッジ　36
ギャローデット大学　29-32, 44, 45, 81, 89
キュードスピーチ　22, 40, 44
クライエント　4, 6, 12, 13, 16, 18, 20, 24, 53-57, 61, 64, 67, 68, 73, 75, 76, 79, 84-86, 96, 101-105, 107, 110, 113-115, 117, 118, 121, 122, 124, 128-131
欠損仮説　27
欠損モデル　104, 125
言語的少数者　28-30, 40
健聴者　6, 121

高齢聴覚障害者の介護ニーズ　21
口話主義　3, 22
国際障害分類　16, 25, 43
国際ろう教育者会議　29
コミュニケーション　4, 16, 17, 20, 21, 24, 31, 36, 44, 45, 51, 53-55, 60, 67, 68, 70, 71, 73-75, 78-80, 82, 84, 86, 89, 102, 107, 108, 113, 114, 120, 121, 123, 128-130
コミュニケーション手段　5, 16, 17, 18, 20, 22, 40, 51, 54, 55, 70, 73, 79, 84, 102, 121, 123
混合性難聴　16
コンピテンス　4, 12-14, 55, 56, 61, 82, 84-91, 94, 98, 102-105, 107, 108, 110, 113-117, 122, 129, 130, 132
コンピテンス概念図　14, 105, 108, 125, 129

サ行

差異仮説　28
ジェネラルな技能　4, 12, 53, 54, 56, 94, 102, 105, 110, 113, 128, 139
質的調査　14, 60-62, 64, 65, 81, 84, 89, 94, 123
疾病（病理）モデル　27, 104, 125
児童発達支援センター　23
社会福祉士　4, 48-52, 54, 56, 61, 77, 95
修正版グラウンデッド・セオリー・アプローチ（M-GTA）　2, 63-65, 84, 96, 97, 128
就労支援　13, 14, 20, 110, 117-122, 126, 130
手話主義　22
手話通訳者　3, 4, 36, 39, 40, 50, 51, 54, 55,

142

60, 63, 73, 80, 96, 102, 104, 114, 115
障害者観　13, 17, 25, 26, 30, 131
障害者権利条約　35, 38, 41, 42, 46, 125
障害者ソーシャルワーク　49
障害の社会モデル　25, 139
情報アクセス権　21
情報保障　21, 44
人工内耳　22, 27, 44, 114
人工内耳友の会　22, 44
身体障害者手帳　16, 20, 23
身体障害者手帳等級表　16
身体障害者福祉法　16
スクールソーシャルワーク　20, 21, 40, 123
ストレングス　4, 104, 124
スペシフィックな技能　4, 12, 53-56, 94, 102, 105, 113, 125, 128, 129, 132, 139
精神保健福祉士　4, 48, 51, 52, 56, 77, 95
世界ろう連盟　46
積極的文化役割モデル　37
全日本ろうあ連盟　16, 39, 42, 46, 50, 102, 118, 119-121, 124, 125
全日本ろう児をもつ親の会　42
全米ソーシャルワーカー協会（NASW）　28, 85, 86, 88-90, 110, 114, 115
相談援助専門職　13, 48

タ行

代償仮説　27
多民族・多文化社会　28
中間手話　17
中途失聴者　5, 16
聴覚障害者情報提供施設　23
聴覚障害スペクトラム　18
聴覚障害ソーシャルワーカー　4, 5, 12-14, 20-23, 25, 49-51, 53-56, 60, 61, 63, 70, 73, 74, 78-82, 84, 89, 94, 103-105, 107, 108, 110, 114-117, 122, 124, 125, 128-130, 132, 139
聴覚障害ソーシャルワーク　5, 12-14, 16, 20, 54-56, 61, 64, 67, 68, 70, 76, 77, 79-82, 84, 89, 98, 103, 107, 108, 110, 113, 117, 125, 128-132
聴覚障害ソーシャルワークの枠組み　13, 55, 61, 67, 68, 82, 84, 108, 125, 129
聴者　6, 12, 19, 21-24, 27-29, 32, 33, 35-37, 44, 50, 51, 62, 63, 67, 71-76, 78-82, 95, 96, 103, 104, 107, 117, 119-122, 124, 125, 128, 131, 132, 139
聴者コミュニティ　20
聴者志向　16
聴者社会　3, 19, 23, 28, 30, 68, 73, 77-79, 81, 84, 104, 113, 117, 120-122, 124, 125, 128, 130
聴能訓練　3
聴能言語訓練士　3
重複聴覚障害者　21
聴力レベル　6, 19
デフコミュニティ　5, 20, 24, 29-31, 37, 45, 50, 51, 62, 95, 103, 113, 123
デフファミリー　19, 44, 56
伝音性難聴　16, 27
同化　3, 6, 28, 120, 124
統合教育　3
道徳的仮説　27
特別支援学校　19, 42, 102
特別養護老人ホーム　24
読話　20, 44
トータルコミュニケーション　40, 108

ナ行

難聴者　5, 6, 16, 45, 81, 108, 113-116, 130, 131
難聴幼児通園施設　3, 23
日本語　16, 17, 36, 37, 40-43, 45, 77, 102, 114, 118, 121
日本語対応手話　17, 38-41
日本手話　3, 17, 23, 33, 38-42, 56, 108, 131
日本聴覚障害ソーシャルワーカー協会　5,

50, 51, 56, 108
日本弁護士連合会　46
ネイティブ・サイナー　50, 56
ノートテイク　22

ハ行

背景因子　25
バイステックの7原則　53, 56
ピジン手話　17
筆談　16-18, 20, 36, 51, 60, 71, 73, 80, 108, 119, 124
標準手話　17
病理的視点　5, 29, 30, 40
福祉ニーズ　20, 21, 77, 139
文化肯定的アプローチ　123
文化的視点　23, 29, 32, 40, 41, 81
文化モデル　28, 30-32, 37, 41, 122
文化モデルアプローチ　4, 12-14, 56, 110, 122-125, 128, 130-132
補聴器　3, 6, 17, 20, 22, 27, 114
ホームサイン　17, 60, 80

マ行

マイノリティ　23, 25, 28, 29, 32, 37, 41, 44, 67, 68, 70-72, 77, 79, 82, 113, 117, 118, 121-125
マジョリティ　23, 33, 37, 71, 117, 122
未就学　16, 19, 70
未就学者　3
盲文化　40
盲ろう者　21

ヤ行

要約筆記　16, 17

ラ行

ろうあ者相談員　4, 49, 50, 61
ろう学校　19, 20, 24, 37, 40, 42, 102
ろう教育　3, 21, 22, 29, 42, 70, 108

ろう児の人権宣言　42
ろう者　5, 6, 16, 17, 23-33, 35-37, 39-42, 44, 45, 56, 70, 72, 81, 95, 105, 108, 113-116, 119-121, 124, 130, 131, 139
ろう者学　30, 40, 41, 102, 105, 107, 108
ろう者観の変遷　17
ろう者志向　16
ろう者社会　5, 19, 23, 30, 78, 81, 84, 104, 113, 128
ろう者役割モデル　124
ろう文化　3-5, 12-14, 17, 22, 27-30, 32-42, 44, 50, 67, 73, 74, 81, 84, 85, 89, 101, 102, 105, 107, 108, 110, 115-118, 120-126, 128, 130-132
ろう文化視点　14, 37, 117, 118, 120, 123-125, 130, 132
ろう文化宣言　28, 40, 41
ろう文化の構成要素　17, 33-35, 38, 39, 41, 121
ろう盲者　21

欧文

ADA（Americans with Disabilities Act：アメリカ障害者法）　30, 44, 89, 104, 108
ASL（American Sign Language）　⇒アメリカ手話
BSL（British Sign Language）　⇒イギリス手話
CODA（Children of Deaf Adult：家族にろう者がいる聴児）　31, 39
deafness ソーシャルワーク　5
DPN 運動（Deaf President Now：「今、Deaf の学長を」）　29, 31, 32
ICF（International Classification of Function, Disability and Health：国際生活機能分類）　25, 43
ICIDH（International Classification of Impairment, Disabilities and Handicaps：国際障害分類）　16, 25, 43

IT 機器の開発　17
KJ 法　12, 94, 96-98, 101, 129
M-GTA　⇒修正版グラウンデッド・セオリー・アプローチ
NASW　⇒全米ソーシャルワーカー協会

SSE（Sign Supported English）　⇒英語対応手話
WHO（World Health Organization：世界保健機関）　16, 25

人名索引

ア行

石河久美子　86, 88-90, 110, 113-115, 130
石川准　6
上農正剛　45
植村英晴　16, 43
奥田啓子　31
奥野英子　60, 80

カ行

亀井伸孝　24, 33, 34, 39, 40, 41
萱間真美　61, 62, 65
川喜田二郎　96, 97, 108
河﨑佳子　23, 44
川村隆彦　53
神田和幸　28, 39
木下武徳　49, 50
木下康仁　65, 97
木村晴美　23, 35, 38-41
草薙進郎　44

サ行

斉藤くるみ　33
酒井邦嘉　38
澁谷智子　41, 45
白澤政和　53
新村出　32

タ行

高橋重宏　88
高山亨太　24
陳麗婷　85

ナ行

ナカムラカレン　41, 42
中村公枝　16
野澤克哉　20, 36, 37

ハ行

舟島なをみ　64, 97
星加良司　40

マ行

松岡克尚　49
三毛美予子　61, 64, 65
森壮也　33

ヤ行

山口幸夫　87, 88
山辺朗子　55
横須賀俊司　49
米川明彦　38, 45

ワ行

脇中紀余子　39

欧文

Eriksson, P.　26, 27
Fileccia, J.　123
Gallegos, J. S., Tindall, C. & Gallegos, S. A.　85
Gannon, J. R.　29
Glickman, N. S.　123
Golos, D. B., Moses, A. M. & Wolbers, K.

A. 37
Hamill, A. C. & Stein, C. H.　34
Ladd, P.　33, 41, 125
Lane, H.　22, 25, 26, 30-32, 41, 139
Padden, C.　32-34, 38
Rogers, K. & Young, A.　17, 124
Shapiro, J. P.　30-32, 45
Sheppard, K. & Badger, T.　123

Sheridan, M. A.　81, 82, 89, 104, 110, 114, 116, 130
Sinnott, C., Looney, D. & Martin, S.　34, 40, 123
Stokoe, W.　29, 30, 33, 38
Wax, T. M.　22, 25, 28, 50, 81
White, R. W.　84
Woodward, J.　29, 30

〈資料1〉 調査分析① M-GTA 分析ワークシート

＊紙幅の関係で理論的メモは省略している。また、ヴァリエーションの発言例は、研究協力者が特定されないように、特徴ある言いまわしや方言は修正した。
＊ヴァリエーションの研究協力者発言例の末尾の表記（たとえば、A：6）は発言者を示しており、この場合はA氏であり、数字はテープ起こし原稿のページ数を表している。

ワークシート1

概念名	クライエントに応じた直接的コミュニケーション・スキルが必要
定義	手話通訳者を介さず、クライエントのコミュニケーション手段や言語レベルに応じた直接的コミュニケーション・スキルが必須である。
ヴァリエーション	「コミュニケーションといっても言葉ではなくて、判断能力を含めたコミュニケーション能力だと思うんですけどね」A：6 「要はその人に合わした手話っていうのがあるんだと思う」A：7 「まず相談する時、支援する時に、相手が望むコミュニケーション手段に、相談援助者が合わせる必要があります。こちらのコミュニケーションの方法を押しつけると、本音が出ないです。あなたが手話を希望するならば手話をやる。日本手話か、日本語対応か、それもあります。筆談が希望であれば、筆談をする。口のやりとりをしたいなら、口のやりとりをする」B：2 「相手のコミュニケーション手段に合わせるだけのコミュニケーションの幅を、まずソーシャルワーカーがもつ必要があります」B：7 「僕に相談に来る人も、自分のもっているコミュニケーション方法で、自由に相談できると思えば、僕だけに頼って、他には相談をもっていかない、そういう場合も多いです」B：7 「相談支援をしていて思うのは、ろうの方といっても、手話の表現だったり、コミュニケーション力だったり、筆談能力だったり、それぞれコミュニケーションのツールが大きく括れば身振りだったり手話だったりってなるのですけど、それはそれぞれ違うので、まずそれを習得するのはすごくやっぱり時間がかかるだろうなと」E：21 「それはやっぱり通訳を介する手話コミュニケーションじゃなくって、その方と私の直接のコミュニケーションが第一じゃないかなっていうふうに思ってるんですね」I：15 「いつも私自身仕事の中で気をつけてるのは、その子に、12人いるうちの12人に合わせて手話を微妙に変えるようにはしてるんです」J：19 「手話もその子の手話を使って話をする。その子にとって見たことない表現を出してしまうと、それは伝わらないものになってしまうので、あー、そういう言葉があるんだって覚えていくのももちろん必要なんですけど、とりあえず相手、この子に伝わらなきゃ意味がないので、その子にわかる表現を出すようにしている」J：19 「ただ単なる日本語を手話に置き換えるだけでいい方もあれば、そうじゃなくって、掘り起こしをしないと、もっと砕いた言い方をしないと返ってこない人もいる」M：9

ワークシート 2

概念名	聴覚障害者の低いコミュニケーション力、言語力
定義	聴覚障害者が、コミュニケーション力、言語力をつけるのは難しい。
ヴァリエーション	「私は手話で教えれば伸びるとは思ってないです。ですので、それはもう、その人その人にとってまちまちだと思うんで、まあそういう意味では、聴覚障害者が日本語の言語能力を身につけるのはかなり大変な作業になるというのは、今でも変わりはないと思うんですよ。というのは今のろう学校の生徒さんでも日本語の力がそれほど身についてるわけではないので」A:7 「今まで教えてなくて手話で教えたほうがよかった子どもに対しては効果はあるかもしれない。けれども問題は、今の日本っていうのはほとんどが聞こえる人たちの社会ですよね。その社会に入っていくためには小さい時から手話で教えると、今度は逆のそのいわゆる聞こえる社会に入り込めないろうあ者が出てくるんじゃないかとは心配してるんです、私も」A:8 「聞こえない人はどうしてストレートに言うかって？　うーん、私は言語能力のレベルだと思いますよ。言語能力のレベルの高い聞こえない人は、それほどストレートに言わない」A:18 「あの、確かにかなりオブラートに包んでるっていうことはしないと思う、それはやっぱりその手話のもってる特徴なのかどうか知らないけれども、あんまりあやふやな言い方はしないで、基本的にはちょっとストレートに言ってしまうかもしれないけれども。やっぱりその、言語能力のない人のほうが言い方に引き出しがないですね、幅もないでしょう。ある意味きつい言い方をしてしまうのじゃないかと思うんですね」A:18 「相談に来る聞こえない人というのは言葉の力が弱い人が多いです。やはり、私たちが普段使っている言葉を手話で表現しても通じないことがあるので、できるだけわかりやすい言葉を使う。あとは確認。わかったかどうか確認をとる」C:8 「後で話を聞いてみると、すごくズレていて、『え、あの時わかったって言ってたのにわかってなかったんですか』ということがたくさんあるので、それを確認する作業の支援がすごく大切だなあと思う」E:21 「初めて会う人の場合は、自分が手話ができても、行き違いやうまく通じないことがあります。たとえば、手話だけでなくて、身振りとかのコミュニケーションを使いながら工夫はしてますけれども、やっぱりその人の状況をつかむことが大切です」L:5

ワークシート 3

概念名	聴者社会の中で生きづらさを抱える聴覚障害者
定義	多数派の聴者の音声言語社会の中で、少数派の聴覚障害者は生きづらさを抱えている。
ヴァリエーション	「会社に就職した後、大変なんですよね。ろう学校が手話とか聴覚口話とかいうのじゃなくて、ろう学校がもうちょっと教育機関として専門家にならないといけないと思うんです。手話とか何とかいうレベルはもうやめて、もうちょっと教育機関として専門化して、その人その人に合わせた科目をやればいいのかなと思います」A：7 「私はその長い間、聴覚障害者運動、ろうあ運動をやってきたので、そのろうあ運動をやってきた中で聴覚障害者が生活の中で苦しんでいるとか、差別を受けているとか、そのことを見てきて、何とかしなくちゃいけないと思って、資格を取ったわけです」A：13 「ある意味でその聞こえる社会で聞こえない人が付き合いにくいことの一つに、やっぱり聞こえる人が遠慮するんで。……たとえば、補聴器のハウリングが鳴ってて、うるさいと思っても言わないとか、あるいはちょっと何ていうのか、そういうところは私はある意味で大きいと思うんです」A：19 「最近はろう学校でずっと働く先生というのが少ないし、先生の異動が多いので、前みたいにずっとろう学校で働くとか、ろうのことを十分わかって教えている先生が、今はもう少なくなってますね。前に比べて、ろうの子どものことを十分に頭ではわかっても、コミュニケーションができない先生が多いかなと思います」C：4 「やっぱり家に帰ってもその子は自分だけ馬鹿にされてるとか、会話に入れないっていうジレンマを抱えて帰ってくるので、家にも帰りたくないけど、ここもいまいちだけどもっていうところでこう揺れてたりとか。それとみんながみんな家で育ったから幸せじゃないんだなっていうのはありますけど」J：12 「やっぱり健聴の親とのコミュニケーションじゃ、やっぱりどうしても限界がある。子どもがより抽象的な話をするようになればなるほど、親は手話についていけなくなる。やっぱり親が覚えられる手話にも限界がある。子どもはそれ以上に手話を覚えていく。そこでやっぱり親とのコミュニケーションがうまくいかなくなってくる。家庭でもストレスを感じている」J：12

ワークシート4

概念名	聴覚障害ソーシャルワーカーは聴者・聴覚障害者どちらでもよい
定義	聴覚障害ソーシャルワーカーは、ピアの立場の聴覚障害者でも、また聴者でもどちらでもよい。
ヴァリエーション	「逆に聞こえる人がやったほうがいい場合もあると思います。それはまちまちだと思います」A：8 「コミュニケーションが通じるということが最低条件だと思います。その意味で聞こえる聞こえないは関係ないと思う。ただ、聞こえないソーシャルワーカーが活躍できる社会に今まだまだなってない。そういう意味ではピアっていうものが必要だということは言っていかないといけないとは思ってます」A：8 「現場でどちらが効果あるのかっていうのが確認できない場合はどっちでもいい。でも、この現場だと聞こえる人のほうがいいとか、この現場だと聞こえない人がいいとか、本人が聞こえないほうがいいって言えば聞こえない人が行けばいいし、聞こえる人がいいって言えば聞こえる人が行けばいいと思うんです」A：9 「難しいですね。やっぱり本人がどっちを選ぶかっていうのがまず一つの基準だと思うんだけども、たとえばろう学校のスクールソーシャルワークなんかはろうあ者が行ったほうがいいと思う。やっぱり先輩がその聞こえない先輩がソーシャルワークしてるっていうのは一つの目標になるんで、そういう意味ではピアっていうものが大切だって思うんですね。ただ、利用者の中には聞こえない同士の何というか、現場に聞こえない同士入ってしまうと、嫌がる人も多いので、そういう場合は聞こえる人が入ったほうがいいと思うしね」A：9 「たとえばホームヘルパーの場合は、聞こえない本人は聞こえる人のほうがいいっていう人多いです。ホームヘルパーは。……体をさわられるとか、家庭の中に入ってしまうんで、何か自分の家庭のことをしゃべられてしまうということかな。でもね、面白い話が、相手が弁護士ぐらい専門家になれば今度はやっぱり聞こえないほうがいいっていうんですよね」A：9-10 「ソーシャルワーカーという専門職の場合には、聞こえるか聞こえないかはあまりこだわらないです。そうじゃなくって、聴覚障害者に対してきちんと理解してコミュニケーションができて対応ができれば、聞こえる聞こえないは、基本的にはどっちでもいいです」A：12 「ソーシャルワーカーというのは、一つの専門職ですので、ピアではない。ピアではあるけれども、ピアではない。専門職だから、専門職になれば、聞こえる聞こえない、関係ないです。今言ったような、いろんな技術、経験を、聞こえる聞こえない関係なく、聴覚障害にかかわるのであれば、

ワークシート4（つづき）

ヴァリエーション	必ず習得する必要があります。相談を受けるソーシャルワーカーの経験や技術の問題です。……経験、技術があれば、専門職になれば、聞こえる聞こえないは関係ないです」B：8 「まずやはり、ソーシャルワーカーとしての専門性をもったうえで、ピアの部分を活用すればいいと思います。そういう考え方をもっていますから、あんまり、聞こえるソーシャルワーカーがいいのかとか、聞こえないソーシャルワーカーがいいのかっていうのはろう者を選ぶとか、相性ということが考えられますので。ただ、やはり、聞こえない人の困ってる悩みとかをイメージがしやすいですね。自分の経験があるとイメージがしやすいという面があります。聞こえないソーシャルワーカーのいい面だと思います。どっちがいいか、それははっきり言えないけど、大事なことは基本的にソーシャルワーカーとしての専門性をもったうえで、聞こえない人ならば、ピアの部分でいい面の自覚がある」C：7 「カウンセリングの場合には、聞こえない人が聞こえない人を支援する、そのほうがいいと思っているんですけれども、相談支援の場合は、聞こえても聞こえなくてもどちらでも問題はないように思います。聞こえない本人とじかにコミュニケーションができるならば、聞こえても聞こえなくても関係ないかなと思っています」D：9 「○○さんもやっぱりデフファミリーではなくて、ご両親も健聴だし、ご兄弟も健聴だし、っていう中で、健聴の学校にも行ってたしっていうようなところで、『実は私もそうだったよ。でもこういう方法で私は乗り越えてきた。あなたもやってみたら？』って言えるのは、やっぱり私が言うのとは全然違う。私はあくまで知識だったり、『知り合いの方がいてね、知り合いのろうの方はこうしてるよ』って言い方するので、やっぱり同じ目線だと全然違うなっていうのはすごく思います」E：35 「ただ、ピアの部分はクライエントにとってはいい効果はあると思っています。それは聞こえる人はもっていないところ、聞こえるソーシャルワーカーはその部分はもっていない、その意味では聞こえないソーシャルワーカー、私みたいな立場ではピアっていう部分は大きな強みかなと思います」F：17 「聞こえるのと聞こえないのにかかわらず、お互いいろんな他の人の気持ちは、聞こえても聞こえてなくてもやっぱりわからないと思うので。聞こえるから気付けるところというか、そのクライエントの方がすごくピア的な部分を求めている場合には私には補いきれないところがあるとしても、それはまたいろんな仕事上の得意なところ、できるところ、できないところというところで、耳の聞こえない人のほうが合うということがあると思うんですけど。聞こえる立場で、その別の立場で何かできることがあればいいなというふうに、そう言われた時からずっと思ってい

ヴァリエーション	るんですけど」G：28 「逆に同じろうあ者のほうが気持ちわかる。健聴には自分の気持ちわからないからろうあ者がいいっていう人もいるし。それは人によってそれぞれですよね。……ただ私らも会って話しててちょっと自分で無理かなと思ったら、ろうあ者の相談員に入ってもらって、やっぱり私が言うより彼が言うほうがストンと落ちる。同じこと言っても、同じろうあ者に言われると『ああそうかな』と思うけど、『健聴、自分の悩み、苦しみわからんのに』っていうふうな、そういうふうな時にはろうの人が話したほうがいいってこともありますね」K：20 「ろうあ者がいいと言う人もいますし、けど昔はそういう人を頼っていた。頼って生きてきた人の中にはろうあ者はやっぱりいやだって言う人も、ろうあ者だと言いふらすとか、そういう人のがいいと言う人もいます。まちまちですね。……根本的には相談員としての姿勢、対応は同じだと思いますので聞こえる聞こえないに関係なく、対応してるのかどうかそれが大切なポイントになると思います。ただ、聞こえる人に対しては何かあったらコンプレックスもっている人に対してはやはり同じ聴覚障害者のほうが自分の言いたいことを言える、簡単に言える面があるのは確かにあると思います」L：7

ワークシート5

概念名	聴覚障害者への相談援助の専門性は必須
定義	ソーシャルワーカーとして必要な知識や技術の他に、聴覚障害者への相談援助に関する専門性を習得していなければならない。
ヴァリエーション	「うちは国家資格にこだわってますので、だからその相談支援をやるという場合は社会福祉士、精神保健福祉士の資格もってるのを条件にこだわっているわけで」A：11 「聴覚障害者と他の障害者とはちょっと違うのに、障害者自立支援法という制度にごちゃまぜに入れられてしまってるところから、何か聴覚障害者が大変な状況になってると思うので、女性福祉、児童福祉、高齢者福祉と同じように耳が聞こえない人の福祉を独立させないと、と思ってます」A：22 「心理学とか、精神医学とか、教育学とか、社会学、幅広い知識を、聞こえない人に合わせて。合わせるというのは、聞こえない人が住んでいる生活に合わせて、きちんと習得する、学ぶ必要があります。手話がどんなにできても、相手の生活の基盤というのが、背景がわからなければ、本当の支援はできない」B：7

ワークシート5（つづき）

ヴァリエーション	「ギャローデット大学の場合、あそこの大学の考え方は基本的にジェネラルソーシャルワーク、そのうえで異文化だったりシステム理論だったり、いろいろ幅広いそれを活用して支援していく考え方なので、アセスメントの技術を学ぶ科目がやはり多かったですね。聞こえない人の問題を理論的に整理して、どうやって整理するか、それが大事ですという話をよく聞いたので、自分もはじめて習った時はスペシフィックな考え方に近かったんです。やっぱり、帰ってきてみて、聞こえない人を対象にするソーシャルワークの活動をやってきていて、ジェネラルソーシャルワークの考え方や、幅広い考え方、そのうえで自分の得意な専門部分があると。たぶん、聞こえない人の精神的な問題だったり、そういう部分がスペシフィックなのかなと、最近はそういう見方をもつようになりました」C：15 「聞こえない人の生活だったり、文化だったり、言葉だったり、それを理解する力。または少ない社会資源のその中で支援していく力。新しいものをつくる力だったり、コミュニケーションなのかなと思います。聞こえない、聴覚障害の基本的なことは当たり前としても、やはり、限られた社会資源、または制度の中で、できることを整理していく。ないものをつくってやっていくということですね。そういう力をもってるのが大事かなと思います」C：16 「ソーシャルワークの専門性を考えると、やっぱり聞こえない人の生活、聞こえない人のことをわかったうえでの生活モデルで支援できる、聞こえない人のソーシャルワーカーの、それが聞こえない人のソーシャルワーカーの特質なんじゃないかと。ただ単に聞こえない人の特性だったり、家族だったり、それを含めて、それをわかったうえで、生活のモデルを考え方でどうやって支援するか。そこに行き着くのかなと思います」C：17 「本人の力を引き出せるようなコミュニケーション兼通訳技術兼、周りの方へ聴覚障害とはどういうことだよっていうことを、これもさりげなく啓発していく力と、それこそ多岐にわたる知識とネットワークをつくっておかないと……」E：40 「自分はろうだからできるのではなくって、必要な知識をやっぱりつけて相談支援をする。ソーシャルワークという知識を獲得しないと聞こえない人の支援は難しいなと思っています。うまく説明ができないんですけれども、自分は聞こえない、だからあなたも同じ、気持ちはわかる、ピアな部分でお互いわかることができる。そこは強みがあると思うんですけれども、ただその人の生活とかいろいろ心の部分とかいろいろな場面での支援をするとなると、ピアの部分だけではカバーしきれないと思うんです。ピアの部分プラスやっぱり相談支援の知識、専門性が必要です。すごくそれは感じています。そういう知識はいるなあと思っています」F：3

ワークシート6

概念名	対象者（聴覚障害者）理解が必要
定義	対象者理解として、聴覚障害に関するさまざまな事柄（社会的背景、歴史、運動団体など）を熟知しておく必要がある。
ヴァリエーション	「そりゃもう聴覚障害者に対する正しい理解ですよ」A：12 「聴覚障害の特性って何かっていう。そりゃもう、生まれつき聞こえないっていう人から昨日聞こえなくなった人含めてすべて聴覚障害者というわけでしょう。それをきちんと理解してないと。ですので、生まれつき聞こえない人の場合、どうやって言葉を覚えたかとか、どうやって聞こえない人が生活してきたか、聞こえる人との対応の仕方、どういうふうにしているのかということを知らないと。そのため、手話はできないといけないと思いますし、……だからそういう聴覚障害に対する幅広い理解もつかんでないといけないと思うので、もうそれこそ、一つの専門分野になるかなと思います」A：12 「精神科の医者も、ろうについてよく知らない。精神科の医者としての知識はあるけれども、ろうあ者への、どうしたらいいかという経験はないですからね。簡単に知的障害とか、レッテルを貼り過ぎる医者が多い。僕は、長い間に、そういうレッテルを貼られた人を50人以上、知的障害ではないというように、取り消しましたね」B：9 「まず本人がどういう環境で育ったのか、それが一番大事なところだと思います。だから確かにいろいろな考え方がありますけれども、正しいとか間違っているとかいうことではなくて、本人の人となりというのを理解する、そこが大事だと私は思います」D：14 「自分に障害があるソーシャルワーカーの場合は、自分の障害にかかわっている団体、たとえば、ろうあ協会とか、難聴者協会とか、あるいは全日本ろうあ連盟とか。必ず入って、運動方法を学ぶだけでなく、自分でも実践する責任があると思います。必要ではなく、責任があると思います」B：7 「手話を学ぶだけではなくて、たとえば、聴覚障害者に関する、行事とか、イベントとか、団体に入るとか、まあ積極的にそういうところに参加して、聴覚障害者の現状を学ぶというのはいいことだと思います」F：9 「やはり聞こえない人が生まれてから、どういう家庭だとか、どのように成長されていくかということは知っておく必要はあるなと思っています。何歳の時に聞こえないことがわかったのか、聴覚補償の手段はどんなことを使ってきたのかとか、それによってどんな環境で教育を受けてきたのかとか、そういうことはやはり知っておく必要はあると感じます」G：26-27 「医療機関に行ったりとかしても一般の人にしても、『ちょっと何で書けないの』といまだに問われる方もいて。もちろん若い聞こえない方は、

ワークシート6（つづき）

ヴァリエーション	また高齢の方と違って教育環境も違うので、もちろん書ける方もいっぱいいると思うんですけれども。そういう聞こえない方の幅、広さもあるので、一概には書けないとはいいきれないんですけど、そういう人もいるという理解とか。そうですね。やはり手話が第一言語だったりとかすると、やっぱり手話のほうがこの人にとって理解するのに重要なんだということが、やっぱりまだまだという部分がありますよね」H：21-22 「わかっていたほうが、なぜそういうふうに情報が伝わらないのかとか、知らないのかとか、理由がわかりますよね。『何でこの人わかんないの』じゃなくて、『あ、こういうことだろうな』っていう。時代背景としてそういう状況の中で育った方だってわかれば、その状況を推察することはできる。それはみんな世代が違えば。あとインテグレーションした学生なのか、ろう学校で育った学生なのかという、そういうことは情報としてわかっていればどういう学校教育を、今の学生でも小学校中学校どういう授業を受けてきて、今ここにいるんだなってのがわかりますよね。わからないと、たとえば学生への支援でも、同じ状況の学生がいるとしても、教育歴がどっちかによって全然支援の方法が違ってくるので」I：30 「たとえば聞こえない人が後見人求めていますっていうのがたまに来ますよね。で、私、手話コミュニケーションって書いてるからやってみたいと思って、たまたま1件依頼候補なりますって言った時に、コーディネートしてる人が『あ、通訳使えばいいっていうからいいわよ』って言われて。『そうじゃないんだよ』っていう。そういうやっぱりまだそういう、まあ通訳を使えばいいと思うのがまだまし」I：32 「だから社会福祉士もすごく専門分野が広いから、みんながみんな聴覚障害への理解をもってるかっていうとそうではないし。それが現実なんだけれども」I：33

ワークシート7

概念名	ろう文化の理解が必要
定義	ろう文化に対する理解や異文化に敏感であることが重要である。
ヴァリエーション	「私は、ろう文化っていう考え方はもってないです。今までにろう文化宣言が出るまでの間、聞こえない人が自信がもてなかった、ろう文化宣言が出た後、聞こえない人の中に自信がもてるようになったという意味ではアメリカのなんだっけ、キング牧師か、あの黒人のあれと似てるとは思います。けれどもそれは日本という同じ同質社会に持ち込んだために

ヴァリエーション	「混乱してしまった部分のほうが多いとは私思ってる。というのがやっぱりその、ろう文化を主張してるろうあ者が表現してる手話だけが手話だと言ってるんで、手話っていったらいろんな手話があると思うんですね。そういう所がなかなか通りにくくなったし、何ていうのか、その聞こえる人が小さい時に手話は覚える環境にないと思うけど、成人した後、手話講習会なんかで苦労して手話を覚えますよね。ですので、どうしても聞こえない人と比べたらぎくしゃくした手話になってると思う。それを批判するとか、あるいはその手話通訳にしたって、聞こえる人の手話、勉強した人が一生懸命聞こえない人の社会的な地位を上げるために、通訳活動してるのに、手話技術が低いとかおかしいだとか、違うだとか、そういうふうに否定していくような状況になってしまって、うん、ちょっと日本の中でマイナスの部分が多いと思うけども。ただ、逆にろうあ者の中ではそういう主張が受け入れやすい、受け入れられやすい、心地よいんですね。そのところが逆差別なんじゃないかと私は思ってます」A：14-15 「聞こえない人は聴覚からの情報はないので、少ないので、目で見て、テレビだって字幕と視覚で判断するんだと思うけども、でも難聴の人は補聴器つけて聴覚で判断する場合もあるだろうと思うし、だから聴覚障害者と一括りにするっていうことが難しいんじゃないですかね」A：15 「たとえば、障害者権利条約で手話は言語だとか、正しくいえば、音声言語と手話とは同等っていうふうに言ってますけれども、その手話って何なのかっていうと、ろう文化の考え方をもっている人は日本手話って言いますよ。でもその日本手話って何なのかって私思うし、たとえば、突然耳が聞こえなくなって、悩んでしまったっていう人と3時間ぐらい話したことがあるんだけれども、その時にその人が最初は聴覚を何とかしたいと思ってるけど無理ですよね。それを十分話し合ったあと、視覚的に情報を取らなくちゃいけないと思ってくれたわけ。でも手話を覚えるのは3年も4年もかかりますよね。どうすりゃいいのかって言って、いや指文字覚えてみたらどうかって言って、指文字覚えてそしたら2週間一生懸命指文字を覚えてくれて、もう普通に話しするようになったんです、指文字で。その方の場合には指文字っていうのが手話だと思うし、言語だと思うんですよ。何かそういうふうに幅広くみていけるようだったらいいんだけども、手話をいつまでたっても日本手話だとか日本語対応手話だとかそういうふうにみていって、ろうあ者の社会の中では日本手話っていうのが強くなるっていうふうな状況では、ソーシャルワークの社会ではよくないと思います」A：15 「アメリカでいうろう文化と、日本で今いってるろう文化は、かなり違いがありますね。日本は狭いんです。一番悪いのは、日本手話、日本語対応手話のように分けている。それを基準に、聞こえない人を分けている。

ワークシート7（つづき）

ヴァリエーション	あれは非常にダメです。正しいろう文化とはいわない。聴覚障害というのは程度の問題ではなく、一つです。それをきちんとつかんでいないというのを教える必要があるけれども、……通訳は、そんな偏りがあるのはダメです。ソーシャルワーカーも同じですから。幅広い必要があります。なので、日本のろう文化というのは、正しい方向には、今行っていないと思っています」B：17 「私が手話講習会などで、『ろう文化って何？』と聞かれると、たとえば、こうやって、手を上に上げます。そうすると、利き手のほうが、自然に長いですね。それは聞こえないことに関係があるというふうに、みんなに言います。『手話ですか？』と聞かれますけど、手話は両手だから関係ありません。私は7歳で聞こえなくなりましたから、声が遠くまで届かない。だから遠くの人を呼ぶときには、もう50年以上利き手で、一生懸命手を振って呼んできたわけです。そうしていくうちに、だんだん長くなるというふうに説明をすると、みんな『ほんとかな』って顔をしてますけれども。それも一つの文化です」B：20 「たとえばちょっとした、価値観。価値観の違いで誤解されるとか、いくつかあります。その部分でやはり、どうしても聞こえない人の相談をする時に、聞こえる、聞こえない、それぞれの文化の考え方、それを抜きにしておこなうのは難しいなと思ってます」C：12 「言語について話す時、文化はやっぱりかかわってくるから……」C：13 「言葉だったり、文化だったりという……一言でまとめると異文化。異文化に敏感、関心をもってる人。柔軟的に考えられる人。そういうのが大事かなと思います」C：14 「人を呼ぶ時とか何かが始まる時に、知らせ方に聞こえない人だけが集まった時には電気をパチパチつけたり消したりしますよね。でも聞こえている人がいてもいいですけれども、聞こえない人だけの場合には音を入れた方法でやってもいいと思うんです。たとえば、人を呼ぶ時にたたいて教えたり、床をたたいたり、その方法でもいいと思うんですけれども、聞こえる人が一緒の場合にはやっぱりびっくりする人もいるかもしれない。だから方法を考えるとかそういうのが必要だと思うんですけれども。ある人が『それはろう文化だからかまわない』というふうに言ったことがあって、それを文化という言い方でまとめちゃうのはどうかな。違和感をもった覚えはあります。聞こえない自分に誇りをもって生きていく、それはいいことだと思うんですけれども、手話だけで進む、それが文化という人もいますよね。聞こえる人のほうが多いわけだから、やっぱり聞こえない人だけとか、手話だけで集まって生きるのではなく、手話ももちろん必要だし聞こえる人と一緒に手話通訳の力も借りながら、使いながら、一緒に生きていく、そういう方法を工夫していったほうが

ヴァリエーション	楽しいと思うんですけれども。私はあんまりろう文化っていう言い方はあまり自分では言わないです」D：13 「やはり違いを理解するためには、そこでせっかくろう文化というふうに、聞こえる人とは違うということを、違いがわかっている中でそれをどう使うかというところ。だからその違いに合わせろというふうに使うのではなく、最初から合わせろというよりは、自分もその文化と違う環境の中で違うことまで思考の幅を広げたうえで使えたらいいなと思っていて。手話かどうかというところでも、やはり言葉の使い方というか、分けて何かを排除するために使うのではなくて、もうちょっと具体的に細かくというか、やはりいろいろ聞こえない人と話していても、何となく存在というか、日本語で訳しきれなかったりとか、違いはあるんだなというのは感じるんです。だけど、それがまだはっきり体系的にまとめきれてないと思うんです。日本手話がこれだとか、まとめきれてないと思いますし、はたして本当にろう文化があるのかというのもたぶんわからない。今もたぶんわかってない感じかなと思うんです。これが日本手話だとはっきり説明できる人は、私はあまりまだ聞いたことがなくて。そういう状況で何が日本手話かと決めることより、もっと全体的にもっと生産的なことがあるんじゃないのかなというふうに思っています。言葉だとか、その違いをどう使うかというところに気をつけなきゃいけないなというふうにいつも思っています」G：25-26 「やはりそういう細かいニュアンスの違いというのは聞いたことはありますね。やはり今でこそバイブレーターとか、起きるのに普通の携帯でもバイブレーターがあるくらいなので、それで十分なんですけど。昔だと集合時間に遅れちゃいけないというので、すごい8時半集合とかなのに、もう8時ぐらいから来ているとか。聞こえない人は早いというイメージが、逆に。……聞こえない人は早いから、よくサークルの方なんか、8時半で、それこそ私たちから言うと、8時半だから20分ぐらいに着けばいいなんて思っていると、『聞こえない人は早いから、ちょっと早めに来た』なんて言って」H：23 「アメリカで大学がすごくデフプログラムをもっていて、歴史的にかなり聴覚障害学生を受け入れてるんですね。外国学生もすごくいっぱい来ていて、国数からいったら何十ヵ国っていう国の人が来ていて。それぞれの文化を尊重しています。その中にろう文化も、デフコミュニティも尊重していますっていう言い方がある」I：36

ワークシート 8

概念名	聴者社会とろう者社会の関係性構築
定義	聴覚障害ソーシャルワーカーは、聴者社会とろう者社会との橋渡し役となる。
ヴァリエーション	「いろんな聞こえない人がいるということはわかってもらう説明をしますけども、実際に、聞こえない社員の人がいて、対応に困ってると、会社の場合には、その聞こえない社員の方の行動とか態度とかがなぜこういうふうな態度になるのか行動をするのかというところから具体的な内容から説明をしますけども。そうしてる中で1回だけの面談で終わるわけではないので、何ていうのか、会社の方の気持ちを聞いたり聞こえない社員の方の気持ちを聞いたりしながらやっていくうちに、何となく会社の方がやっぱりそのことを、ジョブコーチなんだけどもジョブコーチを入れようとする会社はわかろうとする人なので、何となく理解してもらえるし、聞こえない社員の人にも聞こえる社会のことをいろいろ説明すれば聞こえる社員の人だって気持ちよく仕事したいのはお互いさまですし、……」A：16 「たとえば、本人が突然机たたいて帰ってしまった、……そんなに困って依頼があってどうするのかなっていう、どうしてこういうことやるのかなって。だって一日もう一人ぼっちで黙って仕事してるって言うと、気がつかなかったっていう、『じゃあどうすりゃいいでしょうか』っていう話になるとか、そんな感じです」A：16 「だからその会社の場合にはその隣にいた社員の方に、そんなに会話できるほどでなくてもいいので、『おはよう』とか、『これ食べる？』とか、『手話でやってもらえませんか』って聞いてみたら、そしたらその本人もその聞こえる人も、聞こえない社員の方が9時から5時まで毎日毎日一人ぼっちで仕事をしてるってことに気づいてくれたんで、……そしたら、手話を教えるのはその聞こえない社員がしている。聞こえない社員に例えば『おはよう、というふうに出題してな』『これはどうやるの？』とか、そういうふうな会話をして覚えてもらって、そうすると会話ができて仕事が楽しくなるとか、まぁ一つのケースですけど」A：17 「そりゃいっぱいあるけど。……あり過ぎっていうか、要はそのたとえば仕事をしたのでもっていったのに、上司の人が知らんぷりしたとこういう聞こえない社員もいるけども、聞こえる社員の人が『ありがとう』と言ってるのに、振り向いてないですね、本人のところに。そうするとね、無視されたみたいな誤解とかその誤解の具体的なところを一つ一つ取り上げて」A：17 「ただ、聞こえない人の場合には、主張の仕方がストレートすぎる場合がある。たとえば、聞こえる社会ってわりとオブラートに包んで話を進め

ヴァリエーション	るけれど、聞こえない人の場合には、パッとストレートに言ってしまうので、そういうところも誤解を生じるというところがある。まぁそういうところもわかってもらいながら進めないと。たとえば、有給休暇をとるっていう場合でも、『私は有給休暇をとる権利があるからとらせてください』とか言ったらびっくりするでしょ、会社側は。そういう時には『そういう言い方じゃないよ』とか、……」A：18 「ろうの人が何もできないように思われるのも、こちらとしても、それはご本人の人権を傷つけることになると思うので、ご本人を尊重しつつ、こういうことはきちっとできる方です、というようなことも、一応お伝えしとかないと、何でもかんでも通訳がいないとダメなのかっていうのも言われると困る」E：26 「ご本人のできることはできるし、過剰支援はやっぱりよくないだろうなっていうのも思うので、そのあたりのやりとりをするには、やはりご本人のコミュニケーション能力がどれくらいなのかっていうのを、やはり関係づくりで知っておかないと、……」E：26 「でもなんかやっぱり将来彼らが出ていく社会は聞こえる社会っていうのはやっぱりあるので、どんなに頑張っても聞こえない人だけの社会で生きていくわけにはいかないし、みんながみんな、手話ができるわけではないしっていうところで、いずれあなたたちが出ていく社会は聞こえる人もいる、聞こえない人もいるっていうのを見せていく場でもある。職員がこう示していく場でもあるのかなっていうのありますけど。職員がお互いに聞こえる職員と聞こえない職員が一緒に働いていればお互いにフォローし合ってる部分っていうのは、やっぱりおのずと出てくるので、その出てくる部分の子どもは何かと、何かしら感じ取ってもらえれば、将来自分も社会に出た時に、会社に入った時に困ったら聞こえない人に、聞こえる人にはこういう頼み方をすればいいんだとか、聞こえない自分はこういうふうに、何だろう、仕事をしていくんだっていう、そういうある意味職場のロールモデルにはなっているかなと思います」J：24

ワークシート9

概念名	聴者との関係性障害
定義	コミュニケーション手段が違うことで聴者との人間関係が難しい。
ヴァリエーション	「ある意味で聴覚障害者、耳が聞こえない人のほうが、やり方をうまくやればっていうと言い方がおかしいけども、もうちょっと活躍できる場所が広がるんじゃないかと思うんです。そういう意味で活躍できる場所へ

ワークシート9（つづき）

ヴァリエーション	のもっていき方が他の障害者とは違うんじゃないかなとは思います。ですので、相談支援の仕方にしても本当ならばもうちょっとひと工夫すれば会社の中で部長さん課長さんになったり、もっと活躍できるようになれるんじゃないかと思うんだけど」A：23 「行政でもそうだけども、現場の人はけっこうわかってるんですよ。聴覚障害が大変だっていうことは。だけども、上の方がわかってない。だから逆に聴覚障害というと書けばわかるんでしょうとか。……その現場がどんなに大変であっても上の方がそんな感じなので聴覚障害者だけがって思われてしまうってことはあると思う。でも全体的に聴覚障害のことを理解してもらうには、難しいです。……もう本当に、無理（笑）」A：24 「聞こえないという障害は、コミュニケーション障害というよりは、また、情報障害者というよりは、人間関係づくりの障害」B：2 「年齢の違いの前に、大切なのは社会的な背景です。……昭和40年ごろはまだ手話というよりは手まねという言葉で、聴覚障害というよりは、つんぼ、おし、というふうに言われるのが当たり前の時代でした。そういう社会的な、聞こえない人の生活が、職業にどう反映するか。だから、まず社会的な背景をきちんとつかむ必要があります」B：4 「手話で生活をしているろう者は、外国に行くと、日本にいるときと比べて、非常に明るくなります。身振りが使える、買い物もろう者のほうがうまい。健聴は、言葉に苦労するから縮こまる。ろう者は伸び伸びやっていける。それと同じです。だから、人間は、環境が変われば、誰でも簡単に障害者と同じ状態になる。私の考え方です」B：21 「手話を使う人たちの表現方法はストレートなことが多いです」D：9 「確かに日本語に置き換えるのが、ぴったりした言葉がないと思います」D：14 「言語学的な難しいことはわからないんですけれども、ニュアンスの表現方法のパターンが、たとえば、日本とアメリカで違うことがあるのと同じように、やはり音声の言語と手話で違うというのがあると思います。それを別の言語だからといわれると、ああそうなのかなという感じで、そうだとははっきりはわからないです」D：14 「やはり40代50代の方とかだったら、文章を書くのが苦手な方ってすごくたくさんいらっしゃるんですね。それに関しての理解を、ろうの方たちも尊重しつつ、理解をしていくっていうのがすごく難しいなっていうのを感じますね。だから、身振りでも通じるだろうと。けっこうろうの人も、そういう環境で育ってきてるから、『わかった？』って聞かれたら、『ふんふん』って答えてしまいますけど。実際によくよく聞いたらわかってないとか、時間をかけて、その人のそういうところも障害なんだよっ

ヴァリエーション	ていう、言うべきなのかはちょっとわからないですけど、そういうところもあるんですってわかってもらうっていうことをどのように伝えていくのかなってのはすごく思いますね」E：18 「……『え、ろうって困ってんの？』っていうのを、同じ福祉の身体障害者の方を対象にしている相談支援事業所でも、ろうの方のことを知らない人が多いっていうのはすごく思うんですけど」E：24 「警戒心がすごくあると思います。それは別に、他のところでもけっこう感じますね。なかなか人を受け入れない。たとえば家に入れないとか、もう自分は大丈夫とか」I：14 「いろんな面での支援、外目だけじゃなしに生活面での支援もあるし、経済的な支援もいろいろしなければいけない。それがちょっとできれば働く意欲ももち続けることができるだろうと思っていますので、会社行って、会社の上の人との話を聞いて、上司の思っていること、考えていることを本人にきちんと伝える。今までたぶん伝わってないと、考えをきちんと伝える。最終的な判断を本人にしてもらうと。そのための支援とか」L：10

ワークシート10

概念名	聴者クライエントとは異なる支援方法
定義	聴者のクライエントへの支援とは異なる支援方法がある。
ヴァリエーション	「たとえば、面談の方法にしても聞こえる人とは違う。聞こえる人の場合には真向かいに座ったらダメだとか、こういうふうに、ふっと考える時に、見える空間つくらなくちゃいけないというのがあるけれども、でも聞こえない場合には手話をやるから真向かいに座らないと意味がないとかいうことは違うかもしれない。それからちょっと暗めのほうがいいっていうのは聞こえる人。聞こえない人は明るいほうがいいでしょ」A：21 「アメリカの場合にはオンライン、手話でテレビで話すみたいな、インターネットにつないでやる方法、オンライングループ、自助グループみたいのがありまして、時間とか日程が決まっていて、その時間帯に自由にインターネット上に来て、入ることができるかたちだったんですよね。一つの画面に顔が映ってできるので、それがいいなと思いました」C：5 「だからろうの人が相談をするためには、相談する前の段階、準備が必要ですよね。そのための援助かなと思うんですけども。整理してあげる。役所に相談機関あるんだから、そこに通訳と一緒に行けばいいだろっていうふうに言われることよくあるけど、自分でも何が問題かわかんな

ワークシート 10（つづき）

ヴァリエーション	いから、どこに相談に行けばいいかわからないっていうのもあるし。その日通訳も準備しました、相談する側で。ろうの人も来ました。そこから相談始めると、何が何かわからないっていうふうなこともあるので、専門機関につなぐ前の相談が大事ですよね。ここで電話して終わることもたくさんあるし」K：26

ワークシート 11

概念名	社会資源の開発や制度の知識が必要
定義	聴覚障害者のための社会資源やサービス内容、制度に熟知していなければならない。
ヴァリエーション	「病院などを退院させた場合、どこに行くのか。家には帰れない。幸い、私は以前のろうあ者更生寮とか、障害者支援施設、作業所、いっぱい知っています。それらとの関係をもっているので、本人に2、3ヵ所見学させて、実習させて、お願いできる、そういうバックをもっているから。退院も自信をもって、医者に説明をして認めてもらえたわけです。そういうバックがなければ、退院させても、どこに行くか、責任をもてないです。また病院に戻ることはできません。難しいです。だから、そういうバックがないとね、本当にソーシャルワーカーの仕事はできないと思います」B：11 「たとえば、いろんな助成制度があるとか、税金面が安くなるとか、設備づくりも、国の助成が出るとか、そういうような具体的な会社にもメリットになることを、いろいろ話すようにする。そして、はじめから正式にお願いするのではなく、はじめはお互いに慣れる、慣らしというか、試用期間というか、そういう期間を3ヵ月とか、6ヵ月とか、お互いにつくってもらって、納得してから正式の就労に入る。そういう時に、はじめて職業安定所を通して会社に入れる。なので、きちんとした国の助成が、会社に出ます。だから、いろんな制度を知っていることが、絶対に必要になります」B：12 「幅ですね。幅という問題。たとえば、今、ろう学校でも、聞こえない先生が少しずつ増えています。しかし、ほとんどがろう学校の経験がない。普通の学校だけだから。ろうあ者としての悩み、苦しみが浅いです。親や子どもに、きちんとカウンセリングというか、スクールソーシャルワークができる能力がないです。だから、私は、ろう学校の先生になるとか、聞こえない人にかかわる専門職をやるならば、『最低3年ぐらい民間会社

ヴァリエーション	で働いて、民間会社の経験、味、苦しみを学んでから先生になれ、ソーシャルワーカーになれ』と言ってます。学校を卒業したばかりじゃ、とても無理です。重過ぎる問題です」B：14 「ソーシャルアクションができる力を、経験を積んで、早く身につけて、アクションを起こしてほしいと思いますね。たとえば、制度が十分でない、社会資源もない、自分たちが専門資格を取って、それを社会にきちんとアピールしていく、そういうアピールができるのも、アクションの一つです。そういう経験、技術を、早く覚えてほしいと思います。特に、ろうの場合はね、ろうあ協会に入るとか、それだけではなく、福祉協会などに入るとか。幅をつくってほしいと思います」B：23 「あとは情報を集める力ですね。あとはネットワークです。社会資源が少ないから、いろいろ好き嫌いもあると思うけれども、やはり、そこをうまく乗り越えて、聞こえない人にかかわる人たちのネットワークをつくる力は非常に大事かなと思います。自分の力を高めるそういう目では研修を受けに行く、言い方は変ですけど、自分を高めようと思う気持ちだったり、それが大事かなと思います」C：14 「確かにそういう情報をもっているということは最低限の力だと思います」D：12 「○○施設ができてよかった、これで入れるっていう感じで。でもそこまで待てなくて他の施設に入った人もおりますけども。私が一番最初に会ったその人は結局どこもなくって、婦人保護施設に頼んだりもしたんだけど、そこもふさわしくないということで断られて。最終的には救護施設に入ったんですけどね。だから彼女の幸せのためにはもう本当にそこがいい施設と思ったわけじゃないけど、もう家族も面倒みれないので、もう仕方がなくってという感じでした」K：11 「あとは専門機関につなげる。ここは月に2回法律相談で弁護士さんに来てもらってるんです。弁護士会の厚意で無料で来てもらってて、一人1時間ゆっくり時間とって。私が相談受けた中で、これは弁護士さんにもっていったほうがいいなと思ったらまた来てもらう」K：18 「いろいろな相談内容があるので知識、制度、全部身につけなければと、それがなかなか大変な面があります」L：7

ワークシート 12

概念名	相談内容は多様
定義	子どもから高齢者までを対象とし、聴覚障害に関する高度な知識や技術が求められる。
ヴァリエーション	「聴覚障害のある女性がいる、聴覚障害のある老人がいる、聴覚障害のある知的障害者がいる、聴覚障害のある、まぁそういう人たちがいるので、結局聴覚障害に対応したうえでいろんな福祉というのがあるから。……まぁあらためてこちらも深いなと思ったな、聴覚障害」A：26 「相談に来る人の内容は傾向としてはやっぱり、精神的な障害だったり、または心理的な問題にかかわる相談とかが多いかなと思います。子どもから大人までです。最近は特に家族だったり、旦那さんだったり、そういう問題が出てきているかなと思います」C：3 「もう多岐にわたって」E：10 「本当に幅広いといえば本当に幅広いんです」E：12 「本当に何から何までですよね」K：4 「いろんなところに出掛けて支援をします。これは去年の手帳。たとえばこの日は朝、○○病院に行って精神科の受診の通訳。午後は警察に行ってるとか。ちょっとろうの人が捕まった時に警察から依頼があって警察の手話通訳。それから司法関係ですね。あと何かいろいろですけど、次の日は訪問看護師さんが来られるのでそこに行くとか。あと……病院も多いですね。病院に入院されたのでそこに行くとか。子どもさん、生活保護の申請があって、その聞き取りの時に役所の人訪問されますよね。そういう時の通訳。……病院や簡易裁判所。あとお金のトラブルとか、それからこの簡易裁判所に行ったのは管理費を滞納してたので、その管理組合から申し立てられて管理費を払ってほしいって言われてるというふうなこととか」K：5 「だから一つの相談受けても、その人がどうしてもお金ないっていうんだったら生活保護申請して、それで生保の中からそんなにたくさん払えないけど、まあ5000円ずつ払っていきますとか。最近就職したばかりなのでまたなんとか払えるだろうかとか。だから一つの相談を受けても、その人がどうしてもお金ないっていうんだったら、『じゃあ、生活保護受けるように一緒に行きましょうか』とかなってくるし。でも働ける年齢だし、『じゃあ、仕事は並行して探しましょうか』っていうふうになるし」K：6 「やっぱり職業生活だけでなくて、ちょっと遅刻が多いってこと、家庭生活にも問題がある。じゃあ家庭生活にも援助がいるんじゃないだろうかとか、奥さんが病気だったとか、子どもさんが学校行ってないとか。一つの支援をするといろいろ家族全体、親の介護があってちょっと仕事を

ヴァリエーション	休んだりしてたとかいろんなことわかってくるので。それで必要なことを労働は労働、民生は民生だけでなくって合わせて援助できたらなという感じですね」K：7 「要するに聞こえない人に関することは何から何まですべて受けますって感じですね」K：17 「相談の内容は広いんです。生活面、教育面、生活面の中でもお金の貸し借りとか、年金とかいろいろあります。一番多いのは生活面の相談です」L：2

ワークシート13

概念名	聴覚障害者の実態は多様
定義	聴覚障害者はコミュニケーション手段、失聴時期、教育環境、社会的背景など多様である。
ヴァリエーション	「聴覚障害者といいましても、かなり幅広い。自分の経験から、大きく4通りに分けて支援してきました」B：1 「それはその手話の違いというより、やっぱり相手の人のもってる力のほうが大きいですね。とてもしっかりした人だったら聞き取りしやすいし、なかなか、自分が相手に騙されたとかいうことがあるんだけど、そういうこときちんと系統立ててきちっと話できない。ここは相談する方そういう方のほうが多いので、きちんと話を聞き出すのは大変ですね」K：24 「まず聞こえないということはどういうものなのか。情報障害であり、また、コミュニケーションの障害をもったり、社会的なつまずきとかそのあたりを説明します。ろう者でもいろいろいるわけですね。特にろう教育もきちんと受けていない人とか未就学の人とか、そういうことも含めて、お話ししています」L：4 「今までの生活歴、教育歴つかむことも大切です。それをまずつかむことから始めるということで、……」L：6

ワークシート 14

概念名	社会資源の少なさ
定義	聴覚障害者のための社会資源が少ないゆえに、必要であればつくることが重要である。
ヴァリエーション	「アルコールの問題で支援しても、ピアグループがないので、どうしても人が一人になってしまって、孤独になってしまう。相談時も私のところに来る、私以外には行く場所がないということですね」C：3 「あと大変なのは、サービスがないという。……高齢者だったら、介護保険サービス使うと、ホームヘルパーとかデイサービスとかショートとか、そういうサービスがありますよね。足りない足りないと言いながら、まあいくつかの選択肢はあって、まあ聞こえる人の場合だったらありますけど。聞けない人の場合はやっぱりご本人が、周りが聞こえる人だけで自分が聞こえないでコミュニケーションができないんだったら、そこには行きたくないってことをわりとはっきりおっしゃる方も多いので。だからホームヘルパーさんを使いましょう、家事が十分でないとかいろいろ見守りをするためにも、ヘルパーさんに入ってもらいましょうってふうになっても、ヘルパーさんと話が通じないってところもまずありますよね。それから聞こえない人は相手に対して警戒心が強い。身体的にはご不自由がないので健康だし、あんたになんか来られなくたってという、そういう自信もおありだし。聞こえる人ならば、知らない人であっても、そこで何か会話をしながらお互いを探り合ったりとか、言葉の調子とかで、自分に信頼ができる人とか、そういった会話を重ねることで人間関係をつくることもできなくはないですよね、認知症の方でも。だけど聞こえない人と手話を知らない人だと、その接点がなかなか結べない人もいるんですよね。見たとたんに、『あ、この人私とフィット』っていう人もいるんですよ、時には」I：13 「聴覚障害者の人たちのサービス支援っていうのが社会に存在しない。たとえば、聞こえる人たちのサービスの中に入っていても、本人はコミュニケーションが通じなくて嫌だからとやめちゃう」I：16 「だからないものは作っていかないと。今あるところに合わせようと思うと、そこの職員の人にろうの人を理解してもらうとか、ちょっとでも手話を覚えてもらうとか。そこをなんとか変えたり、ろうの人もちょっと負担でしょう、一人だけっていうのはね。だからそういうところもあるんだけど、やっぱり自分たちのほしい施設がほしいとかね。だから社会資源をつくってきたっていうことになりますよね」K：12 「たとえば、その相談の中でやっぱり老人ホームが必要だということで協会に出して一緒に運動を問いかけるという。そういうことが一番大切ではないかと思っています。また、ろうあ者相談員が手話のできる、安心

ヴァリエーション	して相談できる場は役所だけじゃなくて、町、たとえば公的な機関、消費者生活センターとかそういう公的な機関に手話通訳をつけてほしいという話をやはり出して……。そのような役割、私が思っているのはそういうことです」L：11

ワークシート 15

概念名	支援の難しさ
定義	聴覚障害を正しく理解していない援助者は、うまく支援できていない。ソーシャルワークの専門知識や技術を習得していない援助者はよい援助ができていない。
ヴァリエーション	「ろう学校の中で起こった問題。先生の体罰。先生は認めないですけど、やはり、学校と家庭の闘いというか、学校を相手にしている。やはり、学校は閉鎖的になるので、ろう学校とどうかかわりながら、子どもを支援、子どもを守るかということです。とても難しかったなと思います。つまり、子どもに対して支援はできても学校とどうかかわるかというところが、非常に難しかったです」C：3 「聞こえない人は他の聞こえないピアのピアカウンセラー、または、地域の身体障害者相談員のところに行くことが多いです。……ろうの相談員のところに行っても、怒られるだけと思われてしまったり、または大変だと思うのは、ろうの世界は狭いから相談しても秘密が漏れるとか、そういうイメージをもたれてしまうことはやはり多いです」C：8 「やはり見ていないと話がわからないので、聞こえる人のように聞きながら書くというのをやると、私がやっても話がわからなくなりますし、聞こえない人の場合も今の話がわからなくなるので、同時にしゃべるのではなくて、誰か一人一人が話してから書くとかというふうなところが違うなというふうに感じます」G：24 「けっこうこの人たちって『わかったからいいわよ、私がやっとくわよ』みたいな傾向がけっこう強くて。何か言ったら『それは違うでしょ。私が決めた』、こういう関係ができちゃってるんですよね。だからこの人も頼るのはこの人しかないから、もう言われるがままだし、なんかそういう自分で考えようとか、そういう機会を奪われてしまってる」I：17 「やっぱりその人は長い間何かあればそこに行けば助けてくれるっていう。そういう習慣になってしまっているので。だからそれまでのかかわりの中で、そうじゃなくてきちんとあなたの考えはどうしたいの、こうしたいのっていうふうにかかわりをしてくれてれば、そういう依存的な

ワークシート 15（つづき）

ヴァリエーション	関係っていうのはないと思うんですけど」I：17 「相手の訴えをきちんと聞き取らないといけないんですけども、こういう聞き方で通じなかったらこっちの聞き方やあっちの聞き方で聞き出さないと、なかなかちょっと状況がつかめない時もありますね。あとちょっとそういう話をしてもらえる人間関係をつくる。相手に安心してもらって、この人に話しても大丈夫だなっていうふうな雰囲気というか」K：25 「会社なんか、そこが一番いろんな矛盾が出てくるところかなって気はします。自分が食べるために働かなきゃならないし。で、会社っていうのは毎日でしょう。そこでの職場でのコミュニケーション、上司とのコミュニケーションもあるし、同僚とのコミュニケーションもあるし。同僚があいさつしてくれないとか、一番最近は何だったかな。同じように働いている人は、仕事を途中で休憩してどっかに行ってしまうから困るというふうに。本人に聞くと、『いや、上司があんまり根を詰めるとしんどいから、しんどい時は休憩してもいいよって言われたから、そのとおりにやってる』っていうふうに受け止めたりとかで。ちょっと言葉のニュアンスが伝わりにくかったりで、一緒に全体で仕事をするにあたって、みんなで気を遣わないといけないところは、ちょっと入りにくかったりとかあります」K：28 「だいたい 60 歳超えている人が、昔はちゃんと教育受けていないので、文章も読めないし……。いつ会社入っていつ辞めたと聞いてもきちんと答えられない。引き出しながら解決ではないですけど大変な面があります」L：5

ワークシート 16

概念名	関係機関との連携の難しさ
定義	聴覚障害者を理解できていない関係機関との連携が難しい。
ヴァリエーション	「あとは精神科の病院とか、または精神科のソーシャルワーカーとの連携がうまくいかなかったかな、意思疎通が足りなかったからなのかなと思うことはあります」C：5 「じゃあ○○と連携をつくっていこうっていう動きがなかなかなくて、私のところに来てアドバイスを求める、私のアドバイスを聞いて終わり、それ以来連絡がないとか、そういうのが多くて、それが不思議だし意外だなと思っています。本当に聞こえない人の支援をしていくって考えるんだったら、やっぱり関係機関と連携をとりながらしていくべきだと思

ヴァリエーション	うんですけど、なかなか連携をつくっていくっていう気持ちが弱いという気がします」F：10 「聞こえないソーシャルワーカーを置くという価値を認めないところも多いです」F：11 「行政の方から、『なぜ聞こえない人が聞こえない人を支援するんですか？』っていうようなことを聞かれたと。……その話が本当に要点をついてるな、と。行政のあり方、聞こえる人の見方、本当にポイントをついてるなと思ってるんです」F：22 「そういう意味では、関係機関とかに、聞こえない人のことをわかってもらわないといけないというのはあるでしょうね。ここでは一緒に話しているからOKなんだけれども、たとえば一緒に警察に行ったにしても、会社に行ったにしても、保育所に行ったにしても、行った先で聞こえない人をちゃんと受け止めてもらうために、ちゃんと説明しないといけないから。だから、手話通訳だけでは、そのへんは終わらないですよね」K：27 「裁判所には行くことはあまりないですけれども、警察はときどきはありますけれども……。ろうあ者に会ったことがあるとか、ろうあ者のことを知った人だったら話を進めやすいんですけれども……。わからない人についてはろうあ者とは何か、ゼロから説明しないといけないので大変な面があります」L：4

ワークシート17

概念名	理解されにくい聴覚障害者
定義	聴覚障害者は聴者に理解されにくい障害であり、社会の中で孤立しがちである。
ヴァリエーション	「彼の周りにいるろうの人が、やっぱり仲間がいないんですよね。なので、聴覚障害者の社会の中で理解を求める、または広めていくっていうのが、非常に大事なことかなと思います、足りなかったのかなと思いますね」C：5 「べつにろうの人は困ってないというようなことを、友達も言うんですね。いやいや、実は聴覚障害の人はこうこうで大変だっていうような、ろうに特化してるところ、ろうだからこそ困っていること、さっき私が言ったような、いろいろコミュニケーションの部分だけではなくて、……」E：24 「聞こえないっていうのはどういうことっていうのを、意外にみなさんご

ワークシート 17（つづき）

ヴァリエーション	存知でない。これは他の障害もそうかもしれないですけど、やっぱりもっと、聞こえない方って目に見えない障害なので、なぜわからないの、みたいな。けっこうすごくびっくりすることもあって」E：24 「聞こえないっていうことが、こんなに社会に理解されてないのだって、すごく思いますね。軽い障害、軽いも重いもないのかもしれないですけど、軽く見られてるなって」E：25 「周りへの啓発、啓発プラス理解を促していくっていうことも求められるんじゃないかなっていうのは日々感じますね。ご本人に話さずに、どうしても通訳を介するので、通訳が主体みたいになってしまって、『そう言っといてください』とか、『これは通訳しなくていいですよ』とか、すごいそういう時とかもあるんですよ。『いやいや、一通訳者に徹しますから、おっしゃる内容はすべてお伝えします』と言います。『今お話しされてるのは私ではなくて、こちらの聞こえない方ですから』って言っても、自然に目線は私のほうになってたりとかするので、やっぱりなかなかそのあたりはわからないんだろうなあって。そのへんの啓発はしていかないといけないなあっていうのはすごく感じます」E：25 「やっぱり今の社会って出世社会でもあるし、またこの不景気だしっていうこともあって、どうしても情報を出さない、あえて出さないような状況にも陥りやすいと。これはやっぱり、出世に響くから自分だけで情報を保持しておきたいっていうような状況になって、ろうの人に情報が行かなくて、なかなか出世に結びつかなくって。そこで挫折して、そこで鬱になったりとか、統合失調症になったりとかっていうかたちで出てくる場合もあるっていう話がある。だから、そういうところで若い人が一回挫折をして引きこもってしまって、相談に行くっていうけっこう若い方はいらっしゃるみたいで」E：37 「手話のできないソーシャルワーカーに対しては、聴覚障害の特性を私から説明する。そこから始めています。向こうはほとんどの人が手話通訳をつければ何でもOKと思っている方が多いです。手話通訳を通して、支援ができました、本人がうなずいているので、『わかった。ああ、もうこれで解決した』って思っている方が多いです。なかには、支援をして、聞こえるソーシャルワーカーの方で、何か問題が出てくると、不思議だけれども、みんな同じことを言っているのは、『聴覚障害者は困った人だね』っていうような言い方をするのです。『困った人』というような言い方をして終わるのです。『困った人ではないよ』っていうことは言うのですけど」F：6 「変わっていかないというか、本人にとっても会社にとってもマイナスな事態に、お互い誤解したままで仕事を辞めてしまうというふうな事態が起こりやすいのかなというふうに、起こってしまうこともあるなという

ヴァリエーション	ふうに」G：22 「だからそこでね、聴覚障害の理解のない人ってたくさんいるじゃないですか。理解がないっていうか、会ったことがない人って絶対的にわからないだろうし」I：25 「今不登校のお子さん多いし、いろんな集まりもあるけど、その中にろうのお母さんが入っていくのはちょっと入りにくいっていう……」K：8

ワークシート 18

概念名	学問体系の未確立
定義	聴覚障害ソーシャルワークの学問体系はまだ確立されていない。
ヴァリエーション	「世界では聞こえない人のソーシャルワークの学問体系がまだできていない」C：18 「その部分でギャローデットは聴覚障害者支援という部分が特化した科目を作っています。2年目にです。大学2年目です。そこは非常に勉強になりました。ただ、具体的に理論的に体系化されているかというと、そうでもない。ソーシャルワークの基本的なところはもちろん、世界的には体系化されていますけれども、聞こえない人の場合、どこからどこまでを学んだらいいのかというのがやはり、特に決まっていない。ギャローデット大学のそのままというのは無理です」C：18 「カリキュラムの中に、聴覚障害者の特性を学ぶ内容を入れる。それが必要かなと思いますね」F：8-9 「聞こえるソーシャルワーカーに対して、きちっと聴覚障害を教える環境をつくっていかないといけないかなと思っています」F：15

ワークシート 19

概念名	聴覚障害者独自の特性あり
定義	聴者とは違った聴覚障害者独自の特性があり、正しい理解が必要。「困った人」ではない。
ヴァリエーション	「特にろうの人って、……軽くみられがちなんですよね。……たとえば、就労してるろうの方だったら会社の人はその聞こえないっていうことを軽く見ておられる。筆談すればすむだろうとか、目で見えるかたちにしたらすむだろうとか思ってる人がすごく多い。だからFAXして、メール

ワークシート 19（つづき）

ヴァリエーション	「してって思ってる健聴者の方がすごく多いけど、……」E：17 「聞こえないっていうことが、本当に世間一般の人にはどういうことなのかっていうのがわからない」E：18 「この人たちはなぜここに入ってるんだろうって思うような人もいっぱいおられて、社会が変わればこの人たちは地域で生活できるのに、なぜここで生活してるんだろうって思う人がけっこういたので、その衝撃っていうのがやっぱり残ってますね」E：19 「たとえば手続きの手順とかでも、ろうの人とかに、たとえば年金だったら年金のこととかでも、保険事務所に電話して、『こうこうこうで』っていう時に、その電話で通訳をしている時とかでも、本人は『ふんふんふんふん』とわかっているのですが、やはり電話を切った後に『で、何の書類がいるのだったっけ？』とかいう話があるので、『これとこれとこれが必要ですね』っていうので、筆談で文字がわかる方はそうしますし、たとえば、それがわかりにくい方だったら絵を描く時もあります。それはやっぱりろうの方の特徴かなと思いますね」E：22 「手話のできる健聴者ってそんなに周りにたくさんいないから、フレンドリーになり過ぎる」E：22 「『さっきのこと、わかった？　わかってない？』っていうような確認とか、『じゃあ、わからなかったら、今言ってたこともう一回整理してみようか』とか、でもやっぱりその人の目の前でやることもあるし、その人がいる、手話のわからない健聴者の方がいたら話せないこともあるから、『終わってから整理しましょうか』って。で、わからなかったら、『わからない？　私もわからないから、じゃあもう一回聞いてみましょうか』とか、結局、その場でわからないことをなかなかろうの人は言えないのかなあって」E：26-27 「すごく、ろうの方は目で追うから、『何かあったんか？』とか、『どうした？』とか、『手伝うか？』とか、察知してくれるのが早いですね。目でこう、何か起こってるんだなっていう、表情とかをすごく見ているなあっていうのはすごく思います。そういう意味で、何回も聞いたら、一瞬この人いやな顔したというのを察知されるから、ついつい、『わかった？大丈夫？』って言われたら、『わかった』って。でもその健聴者の人、手話のわからない健聴者の人が帰ったあとに、『意味わからない』『その時に言えばいいのに』『だって話続いてたから』って言うから、『遠慮しなくていいよ』って言って。けっこう遠慮しておられる」E：27-28 「健聴者はすごいって思っているろうの人とかもいて、健聴者に言われているからこそしなければと思う人がいるんですね。健聴が何でも知ってるって思っている人もいっぱいいるんですよ。ろうだから、ろうはあかん、知らん知らんって思っている人も、けっこういるんですよね」E：36

ヴァリエーション	「教えてもらっているとか、健聴者のほうが賢いとか、それは親の教育とかろう学校の教育とか、普通学校の教育とかもあるのかもしれないですけど、すごく思ってる」E：36 「みんなが言っていることも聞こえなくて。だから、『みんなも言ってないから私も言わなくていいじゃん』というようなことだったりとか。本当にさりげない一言一言だとか、ということがやはり周りの人の印象をけっこう左右することが多いと思うんですけれども、そういうところに気づきにくいということがあるので、……」G：3 「もちろん言葉の数が少ないっていうのはどの子にも共通していて、どれだけ数学ができても学校の成績がよくても、やっぱり手話から書き言葉に変えることがどうしても苦手だったりとか」J：27 「彼がもってる言語力ってものすごく少なかったり、乏しかったりとか、これでメールでやりとりしたら誤解生まれるんじゃないかっていうぐらいの乏しい言語力でやりとりしてたりとか。やっぱりろう学校って集団、やっぱり少ない集団なので、自分の意見をもって、相手にその意見を伝えて、また相手の意見を聞いて、っていうそのディベート、ディスカッションの機会ってなくって。その人に意見をぶつける力だったりとか、人と話し合いをする力っていうのが、すごくないなっていうのを感じる」J：28 「すごく受け身ですね。どうすればいいの、どうすればいいのって。あんた自分で考えなさいって言っても考えられない」J：28 「日常的なことですけど、お釜をバンって閉めたりとか、ドアをバンと閉めたりとか、聞こえる人からしたら何事かと思うような、なんか今日も怒ってんのかなみたいなのが日常的にあるので、やっぱりそういうところは慣れ過ぎてしまって気づかない部分だったりとか」J：30 「一つ一つの日常の動作が健常者とは微妙に感覚の、ニュアンスのズレとかが顕著に出てくるのがろうなのかなって」J：33 「たとえば相手がろうだったらもちろん手話で話をするけれども、相手が聞こえる人だったら手話は使わなくて声だけで話したりとか。おかしいですよね、向こうは声だけで日本語でしゃべってくるのに、こっち手話で話してるから、なんか言語学的にいったら違う言語でこの人たちはコミュニケーションをしてるのじゃないのって事態もしょっちゅう起こってるので。でもそれ本人たちは全然気にしてなくて」J：33-34 「同じろうあ者同士ということで、どういう人かよくわからないままお金を貸すっていうのもあるし。内容によっては怖いから渡した、脅し取られたっていうのもあるし。返すって言ったから貸したとかということもあるし。ろうの人の独特なところっていうのありますね、そのあたりは」K：25 「なかなか、ろうあ者問題、理解広めるというのは大変な面があります。

ワークシート 19（つづき）

ヴァリエーション	その時、ろうあ者の特性といいますか、説明することも求められています」L：3 「人間関係が非常に狭いです。相手から言われることにきちんと対応できていない。自分が何を言ったらいいのかわからない面もあるし、情報も足りない。社会経験がないとなかなか自分の言いたいことを周りに伝えられない。そういう面が確かにあると思います」L：9 「そういう時には、やっぱり書いて、目で確認するというやり方。やっぱり手話は消えてしまいますので」M：14

〈資料2〉 調査分析② ＫＪ法 表札の対応表

＊分析作業時は「紙切れ」該当部分を赤字で表示したが、資料2では下線表記とした。また、研究協力者が特定されないように、特徴ある言いまわしや方言は修正している。
＊研究協力者発言例の末尾の表記（たとえば、A：12）は発言者を示しており、この場合はA氏であり、数字はテープ起こし原稿のページ数を表している。

(1)【多様な存在である聴覚障害者の理解】

〔表札〕①〔聴覚障害者を理論的に理解する力〕

「そりゃもう聴覚障害者に対する正しい理解ですよ」A：12
「聴覚障害の特性って何かって、そりゃもう、生まれつき聞こえないっていう人から昨日聞こえなくなった人も含めて、すべて聴覚障害というわけでしょう。それをきちんと理解していないと。ですので、生まれつき聞こえない人の場合、どうやって言葉を覚えたかとか、どうやって聞こえない人が生活してきたか、聞こえる人との対応の仕方はどういうふうにしているのか、とかいうことを知らないと。……だからそういう聴覚障害に対する幅広い理解もつかんでないといけないと思うので、もうそれこそ、一つの専門分野になるかなと思います」A：12
「聞こえないという経験を理論的に理解する過程は必要かと思います。専門家になる時に必要な自己覚知の一つだと思うので」C：14
「デフ・スタディーズとか聞こえない人の歴史だったり、他の聞こえない経験を聞きながら、自分の経験を振り返ったりとか、そういう訓練ではないけれど、自分を見つめ直す過程がやっぱり必要だと思います」C：14
「研修を受けに行く、言い方は変ですけど、自分を高めようと思う気持ちが大事かなと思います」C：14
「聞こえない人の問題を理論的に整理して、どうやって整理するか、それが大事ですという話をよく聞いた」C：15
「いろいろな相談内容があるので知識、制度、全部身につけなければと、それがなかなか大変な面があります」L：7

〔表札〕②〔聴覚障害者の特性の理解〕

「聞こえない人は聴覚からの情報はないので、少ないので、目で見て、テレビだって字幕と視覚で判断するんだと思うけども、でも難聴の人は補聴器つけて聴覚で判断する場合もあるだろうと思うし、だから聴覚障害者と一括りにするっていうことは難しいのじゃないですかね」A：15
「聞こえないという障害は、コミュニケーション障害者というよりは、また、情報障害者というよりは、人間関係づくりの障害」B：2
「聞こえないっていうことを軽くみている。特にろうの人って、ちょっと語弊があったら申し訳ないですけど、軽くみられがちなんですよね」E：17
「簡単にいうと、聴覚障害者の特性の障害ですよね。筆談すればすむだろうとか、目で見えるかたちにしたらすむだろうとかって思っている人がすごく多い。やはり聞こえないから書いたら理解できると思っている人がまだ大多数だと思うんですよね。そういう聞こえない方の幅、広さもあるので、一概には書けないとはいいきれないんですけど、そういう人もいるという理解とか」H：21-22

〔表札〕③〔生活背景の理解〕

「聞こえない人が住んでいる生活に合わせて、きちんと習得する、学ぶ必要があります。手話がどんなにできても、相手の生活の基盤、背景がわからなければ、本当の支援はできない。まず社会的な背景をきちんとつかむ必要がある」B：7
「聴覚障害に対する幅広い理解もつかんでないといけない。聞こえない人の生活だったり、文化だったり、言葉だったり、それを理解する力」C：16
「聞こえない人の生活、聞こえない人のことをわかったうえで支援できる」C：17
「まず本人がどういう環境で育ったのか、それが一番大事なところだと思います。本人の人となりというのを理解する、そこが大事だと私は思います」D：14
「やはり聞こえない人が生まれてから、どういう家庭だとか、成長されていくかということは知っておく必要はあるなと思っています。何歳の時に聞こえないことがわかったのか、聴覚の補償の手段はどんなことを使ってきたのかとか、……」G：26-27

〔表札〕④〔教育環境の理解〕

「どんな環境で教育を受けてきたのかとか、そういうことはやはり知っておく必要はあるなと感じます」G：26-27
「インテグレーションした学生なのか、ろう学校で育った学生なのかという、そういうことは情報として知っておく必要がある。わかっていればどういう学校教育を、今の学生でも小学校中学校どういう授業を受けてきて、今ここにいるんだなっていうのがわかりますよね。教育歴がろう学校か地域の学校かによって全然支援の方法が違ってくるので」I：30
「若い聞こえない方は、また高齢の方と違って教育環境も違うので、もちろん書ける方もいっぱいいると思うんですけれども。そういう聞こえない方の幅、広さもあるので、一概には書けないとはいいきれないんですけど、60超えている人など、昔はちゃんと教育受けていないので、文章も読めない、そういう人もいるという理解とか」H：21-22

〔表札〕⑤〔歴史の理解〕

「社会的な背景や歴史をきちんとつかまないとね」A：22
「……ろうあ者の中の格差が生まれるようになったのも、昭和60年の終わり頃です。そういう社会的な背景を、きちんとつかまないとね」B：6
「デフスタディーズとか聞こえない人の歴史だったり、他の聞こえない経験を聞きながら、自分の経験を振り返ったりとか、そういう訓練ではないけれど、自分を見つめ直す過程がやっぱり必要だと思います」C：14
「時代背景としてそういう状況の中で育った方だってわかれば、その出てきてる状況を推察することはできる。それはみんな世代が違えば……」I：30

[表札]⑥[ろう運動に関する理解]

「自分に障害があるソーシャルワーカーの場合は、自分の障害にかかわっている団体、たとえばろうあ者協会とか、難聴者協会とか、あるいは関東ろう連盟とか全日本ろうあ連盟とか、必ず入って、運動方法を学ぶだけでなく、自分でも実践する責任があると思います。必要ではなく、責任があると思います」B：7

「手話を学ぶだけではなくて、たとえば、聴覚障害者に関する、行事とか、イベントとか、団体に入るとか、まあ積極的にそういうところに参加して、聴覚障害者の現状を学ぶ必要がある」F：9

[表札]⑦[ろう文化に関する理解]

「私は、ろう文化っていう考え方はもってないです。……そのろう文化を主張してるろうあ者が表現してる手話だけが手話だといってるんで、手話っていったらいろんな手話があると思うんですね」A：14-15

「……その方の場合には指文字っていうのが手話だと思うし、言語だと思うんですよね。何かそういうふうに幅広くみていけるようだったらいいんだけども、手話をいつまでたっても日本手話だとか日本語対応手話だとかそういうふうにみていって、で、ろうあ者の社会の中では日本手話っていうのが強くなるっていうふうな状況では、ソーシャルワークの社会ではよくないと思います」A：15

「アメリカでいうろう文化と、日本で今いっているろう文化は、かなり違いがありますね。……通訳は、そんな偏りがあるのはダメです。ソーシャルワーカーも同じですから。幅広い必要があります。なので、日本のろう文化というのは、正しい方向には、今行っていないと思っています」B：17

「たとえばちょっとした、価値観。価値観の違いで誤解されるとか、いくつかあります。その部分でやはり、どうしても聞こえない人の相談をする時に、聞こえる、聞こえない、それぞれの文化の考え方、それを抜きにして援助するのは難しいなと思ってます」C：12

「やはり、言葉を、言語について話す時、文化はやっぱりかかわってくるから一緒だと思います」C：13

「言葉だったり、文化だったりという……一言でまとめると異文化。異文化に敏感、関心をもってる人。柔軟的に考えられる人。そういうのが大事かなと思います」C：14

「それを文化という言い方でまとめちゃうのはどうかな。違和感をもった覚えはあります。聞こえない自分に誇りをもって生きていく、それはいいことだと思うんですけれども、……私はあんまりろう文化っていう言い方はあまり自分では言わないです」D：13

「やはり違いを理解するためには、そこでせっかくろう文化というふうに、聞こえる人とは違うということを、違いがわかっている中でそれをどう使うかというところ。だからその違いに合わせろというふうに使うのではなく、最初から合わせろというよりは、自分もその文化と違う環境の中で違うことまで思考の幅を広げた上で使えたらいいなと

思っていて。手話かどうかというところでも、やはり言葉の使い方というか、分けて何かを排除するために使うのではなくて、やはりいろいろ聞こえない人と話していても、なんとなく存在というか、日本語で訳しきれなかったりとか、違いはあるんだなというのは感じるんです。だけど、それがまだはっきり体系的にまとめきれてないと思うんですよ」G：25-26

「やはりそういう細かいニュアンスの違いというのは聞いたことはありますね。……昔だと集合時間に遅れちゃいけないというので、すごい8時半集合とかなのに、もう8時ぐらいから来ているとか。聞こえない人は早いというイメージが、逆に。……聞こえない人は早いから、よくサークルの方なんか、8時半で、それこそ私たちから言うと、8時半だから20分ぐらいに着けばいいな、なんて思っていると、『聞こえない人は早いからさ、ちょっと早めに来ちゃった』なんて言って」H：23

「どこかのNPO法人で施設を新しくつくるので、聴覚障害者の人だけじゃなくて、外国人も日本語がわからないのだから通訳ってことで同じだっていうので、一緒に取り組みをしましょっていうのが出てましたよ」I：23

「それぞれの文化を尊重しています。その中にデフ文化も、デフコミュニティを尊重していますっていう言い方をしていました」I：36

「たとえば言語は違うっていったら、盲の人は日本語しゃべるし、健常者も日本語しゃべるけど、手話は言語が違うって言われたら、じゃあ言語が違うから文化が違うのかっていったら、そういう視点ももてるし。たとえばそういう何かを、一つ一つの日常の動作が健常者とは微妙に感覚の、ニュアンスのズレとかが顕著に出てくるのがろうなのかなって」J：33

(2)【クライエントに応じたコミュニケーション・スキル】

〔表札〕①〔さまざまなコミュニケーション・スキル〕

「コミュニケーションといっても言葉ではなくて、判断能力を含めたコミュニケーション能力だと思うんですけどね」A：6
「要はその人に合わせた手話っていうのがあるんだと思う。手話っていったらいろんな手話があると思うんです」A：7
「相談する時、支援する時、相手が望むコミュニケーション手段に、相談する者が合わせる必要があります。こちらのコミュニケーションの方法を押しつけると、本音が出ないです」B：2
「相手のコミュニケーション手段に合わせるだけのコミュニケーションの幅を、まずソーシャルワーカーがもつ必要があります」B：7
「私に相談に来る人も、自分のもっているコミュニケーション方法で、自由に相談できると思えば、私だけに頼って、他には相談を持っていかない、そういう場合も多いです」B：9
「ただ、手話がわからなければ、筆談すればいいとか、簡単に言う人が多い。筆談は、手話と同じぐらい、技術が要ります。たとえば、簡単な漢字ですが、読み方は、「いっさい」と「ひときれ」という読み方がありますね。耳で聞くのは、「いっさい」。目で見るのは、「ひときれ」というだけです。「いっさい」というのは、どこにも視覚的には出てくる機会はありません。筆談をすれば通じるというのは、簡単ではないです」B：18
「一つはわかりやすい言葉を使うということです。ほとんど、相談に来る聞こえない人というのは言葉の力が弱いです。弱い人が多いです。やはり、私たちが普通、使っているわかる言葉を言っても通じないことがあるのでできるだけ、わかりやすい言葉を使う」C：8
「相談支援をしていて思うのは、ろうの方といっても、手話の表現だったり、コミュニケーション力だったり、筆談能力だったり、それぞれコミュニケーションのツールが、大きく括れば身振りだったり手話だったりってなるんですけど、それはそれぞれ違うので、まずそれを習得するのはすごくやっぱり時間がかかるだろうなと」E：21
「とりあえず相手、この子に伝わらなきゃ意味がないので、その子にわかる表現を出すようにしている。なので中学生だったら中学生にわかる手話」J：19
「日本語を手話に置き換えるだけでいい方もあれば、そうじゃなくて、掘り起こしをしないと、もっと砕いた言い方をしないと返ってこない人もいる」M：9

〔表札〕②〔直接的コミュニケーション力〕

「聞こえないで生活問題抱えている人っていうのは、やっぱりコミュニケーションの能力がそれほど高くないうえに判断能力も高くない、そのことに対して直接コミュニケーションができるということでは、聞こえる聞こえないでちょっと違うのじゃないかとは思ってます」A：6

「それはやっぱり通訳を介する手話コミュニケーションじゃなくって、<u>その方と私の直接のコミュニケーションが第一</u>じゃないかなっていうふうに思ってるんですね」I：15

〔表札〕③〔手話の知識と技術〕

「たとえば、障害者権利条約で手話は言語だとか、正しくいえば、音声言語と手話とは同等っていうふうにいってますけれども、その手話って何なのかっていう、ろう文化の考え方をもっている人は日本手話っていいますよ。でもその日本手話って何なのかって私思うし、たとえば、突然耳が聞こえなくなって、悩んでしまったっていう人と3時間ぐらい話したことがあるのだけれども、その時にその人が最初は聴覚を何とかしたいと思っているけど無理ですよね。それを十分話し合ったあと、視覚的に情報を取らなくちゃいけないと思ってくれたわけ。でも<u>手話を覚えるのは3年も4年もかかりますよね</u>。どうすりゃいいのかって言って、いや指文字覚えてみたらどうかって言って、指文字覚えてそしたら2週間一生懸命指文字覚えてくれて、もう普通に話しするようになったんです、指文字で。その方の場合には指文字っていうのが手話だと思うし、言語だと思うんですよ。何かそういうふうに幅広くみていけるようだったらいいんだけども、<u>手話をいつまでたっても日本手話だとか日本語対応手話だとかそういうふうにみていって、ろうあ者の社会の中では日本手話っていうのが強くなるっていうふうな状況では、ソーシャルワークの社会ではよくないと思います</u>」A：15

「今、実際相談支援をしていて思うのは、すごくまあ、ろうの方といっても、手話の表現だったりコミュニケーションだったり、筆談能力だったり、それぞれコミュニケーションのツールが大きく括れば身振りだったり手話だったりってなるのですけど、<u>それはそれぞれ違うので、まずそれを習得するのはすごくやっぱり時間がかかるだろうな</u>」E：21

〔表札〕④〔平易な表現を使って確認する力〕

「<u>聞こえないで生活問題抱えてる人っていうのは、やっぱりコミュニケーションの能力がそれほど高くないうえに判断能力も高くない</u>、そのことに対して直接コミュニケーションができた、対応できるそういう所が聞こえる聞こえないでちょっと違うんじゃないかとは思っています」A：6

「相談に来る聞こえない人というのは言葉の力が弱いです。弱い人が多いです。やはり、私たちが普通、使っているわかる言葉を言っても通じないことがあるので、<u>できるだけわかりやすい言葉を使う。あとは確認。わかったかどうか確認をとる</u>」C：8

「ただ単なる、日本語を手話に置き換えるだけでいい方もあれば、そうじゃなくって、掘り起こしをしないと、<u>もっと砕いた言い方をしないと</u>返ってこない人もいる。また、調書についても、その人のもっている言葉以外の言葉で書かれても、十分にこの人は通じる人だと、裁判所にみられても困りますので」M：9

(3)【幅広い相談内容への対応力】

〔表札〕①〔多様な相談内容に対応できる力〕

「聴覚障害のある女性がいる、聴覚障害のある老人がいる、聴覚障害のある知的障害者がいる、聴覚障害のある、まぁそういう人たちがいるので、結局聴覚障害に対応したうえでいろんな福祉というのがあるから。……まぁあらためてこちらも深いなと思ったな、聴覚障害」A：26
「相談に来る人の内容は傾向としてはやっぱり、精神的な障害だったり、または心理的な問題にかかわる相談とかが多いかなと思います。子どもから大人までです。最近は特に家族だったり、旦那さんだったり、そういう問題が出てきているかなと思います」C：3
「もう多岐にわたって本当にろうの方だったら通訳を頼みたいんだけど、どうやって頼むのっていうこともありますし、……」E：10
「本当に幅広いといえば本当に幅広いんです」E：12
「本当に何から何までですよね」K：4
「いろんなところに出掛けて支援をします。これは去年の手帳。たとえばこの日は朝、〇〇病院に行って精神科の受診の通訳。午後は警察に行ってるとか。ちょっとろうの人が捕まった時に警察から依頼があって警察の手話通訳。それから司法関係ですね。あと何かいろいろですけど、次の日は訪問看護師さんが来られるのでそこに行くとか。あと……病院も多いですね。病院に入院されたのでそこに行くとか。子どもさん、生活保護の申請があって、その聞き取りの時に役所の人訪問されますよね。そういう時の通訳。……病院や簡易裁判所。あとお金のトラブルとか。それからこの簡易裁判所に行ったのは管理費を滞納してたので、その管理組合から申し立てられて管理費を払ってほしいっていうふうなこととか」K：5
「やっぱり職業生活だけでなくって、ちょっと遅刻が多いってこと、家庭生活にも問題がある。じゃあ家庭生活にも援助がいるんじゃないだろうかとか、奥さんが病気だったとか、子どもさんが学校行ってないとか。一つの支援するといろいろ家族全体、親の介護があってちょっと仕事を休んだりしてたとかいろんなことわかってくるので。それで必要なことを労働は労働、民生は民生だけでなくって合わせて援助できたらなという感じですね」K：7
「要するに聞こえない人に関することは何から何まですべて受けますって感じですね」K：15
「相談の内容は広いんです。生活面、教育面、生活面の中でもお金の貸し借りとか、年金とかいろいろあります。一番多いのは生活面の相談です」L：2

〔表札〕②〔問題解決が難しい聴覚障害者への相談支援ができる力〕

「学校を卒業したばかりじゃ、とても無理です。重過ぎる問題です」B：14
「一つはろう学校の中で起こった問題。先生の体罰。先生は認めないですけど、やはり、学校と家庭の闘いというか、学校を相手にしている。やはり、学校は閉鎖的になるの

「で、ろう学校とどうかかわりながら、子どもを支援、子どもを守るかということです。とても難しかったなと思います。つまり、子どもに対して支援はできても学校とどうかかわるかというところが、非常に難しかったです」C：3

「けっこうこの人たちって『わかったからいいわよ、私がやっとくわよ』みたいな傾向がけっこう強くて。何か言ったら『それは違うでしょ。私が決めた』、こういう関係ができちゃってるんですよね。だからこの人も頼るのはこの人しかないから、もう言われるがままだし、なんかそういう自分で考えようとか、そういう機会を奪われてしまっている」I：17

「やっぱりその人は長い間何かあればそこに行けば助けてくれるっていう。そういう習慣になってしまっているので。だからそれまでのかかわりの中で、そうじゃなくてきちんとあなたの考えはどうしたいの、こうしたいのっていうふうにかかわりをしてくれてれば、そういう依存的な関係っていうのはないと思うんですけど」I：17

「こういう聞き方で通じなかったらこっちの聞き方、あっちの聞き方で聞き出さないと、なかなかちょっと状況がつかめない時もありますね」K：25

「会社なんか、そこが一番いろんな矛盾が出てくるところかなって気はします。自分が食べるために働かなければならないし。で、会社っていうのは毎日でしょう。そこでの職場でのコミュニケーション、上司とのコミュニケーションもあるし、同僚とのコミュニケーションもあるし。同僚があいさつしてくれないとか、一番最近は何だったかな。同じように働いている人は、仕事を途中で休憩してどっかに行ってしまうから困るというふうに。本人に聞くと、『いや、上司があんまり根を詰めるとしんどいから、しんどい時は休憩してもいいよって言われたから、その通りにやってる』っていうふうに受け止めたりとかで。ちょっと言葉のニュアンスが伝わりにくかったりで、一緒に全体で仕事をするにあたって、みんなで気を使わないといけないところは、ちょっと入りにくかったりとかあります」K：28

「60超えている人が、昔はちゃんと教育受けていないので、文章も読めない。いつ会社入っていつ辞めたかと聞いてもきちんと答えられない。いろいろ引き出しながら解決していくけれど大変な面があります」L：5

〔表札〕③〔聴覚障害者とラポールをつくる技術〕

「安心感だったり、またはこの人ならわかってくれるという、そういう部分が大事なのかなと思います」C：7
「やはりラポールをつくる技術、信頼をつくる技術が大事かなと思います」C：7
「信頼関係をつくっていく、つくって話を聞いて、一緒に考える」K：25

〔表札〕④〔依存的になりがちな聴覚障害者への対応力〕

「だからこの人も頼るのはこの人しかないから、もう言われるがままだし、なんかそういう自分で考えようとか、そういう機会を奪われてしまってる」I：17

〔表札〕④〔依存的になりがちな聴覚障害者への対応力〕(つづき)

「やっぱりその人は長い間何かあればそこに行けば助けてくれるっていう習慣になってしまっているので。……依存的な関係」I：17
「だからろうの人が相談をするためには、相談する前の段階、準備が必要ですよね。そのための援助かなと思うんですけども。整理してあげる。役所に相談機関あるんだから、そこに通訳と一緒に行けばいいだろうっていうふうに言われることよくあるけれども、自分でも何が問題かわかんないから、どこに相談に行けばいいかわからないっていうのもあるし」K：26
「どうしてもろう者も手話のできる健聴者に甘えがちやと」E：23

〔表札〕⑤〔聴者クライエントとは異なる支援技術〕

「たとえば、面談の方法にしても聞こえる人とは違う。聞こえる人の場合には真向かいに座ったらダメだとか、こういうふうに、ふっと考える時に、見える空間つくらなくちゃいけないというのがあるけれども、でも聞こえない場合には手話をやるから真向かいに座らないと意味がないとかいうことは違うかもしれない。それからちょっと暗めのほうがいいっていうのは聞こえる人。聞こえない人は明るいほうがいいでしょ」A：21
「アメリカの場合にはオンライン、手話でテレビで話すみたいな、インターネットにつないでやる方法、オンライングループ、自助グループみたいのがありまして、時間とか日程が決まっていて、その時間帯に自由にインターネット上に来て、入ることができるかたちだったんですよね。一つの画面に顔が映ってできるので、それがいいなと思いました」C：5
「やはり見ていないと話がわからないので、聞こえる人のように聞きながら書いたりというのは、やると私がやっても話がわからなくなりますし、聞こえない人の場合も今の話がわからなくなるので、同時にしゃべるのではなくて、誰か一人一人が話してから書くとかというふうなところが違うなというふうに感じます」G：24
「だからろうの人が相談をするためには、相談する前の段階、準備が必要ですよね。そのための援助かなと思うんですけども。整理してあげる。役所に相談機関あるんだから、そこに通訳と一緒に行けばいいだろっていうふうに言われることよくあるけども、自分でも何が問題かわからないから、どこに相談に行けばわからないっていうのもあるし。その日通訳も準備しました、相談する側で。ろうの人も来ました。そこから相談始めると、何が何かわからないっていうふうなこともあるので、専門機関につなぐ前の相談が大事ですよね。ここで電話して終わることもたくさんあるし」K：26

〔表札〕⑥〔秘密保持に関する注意力〕

「ろうの相談員のところに行っても、怒られるだけと思われてしまったり、または大変だと思うのはろうの世界は狭いから相談しても秘密が洩れるとか、そういうイメージをもたれてしまうことはやはり多い」C：8

(4)【聴覚障害者のための制度に関する知識】

〔表札〕①〔聴覚障害者のための制度の知識〕

「聴覚障害者と他の障害者とはちょっと違うのに、障害者自立支援法という制度にごちゃまぜに入れられてしまってるところから、何か聴覚障害者が大変な状況になっていると思うので、あの、女性福祉、児童福祉、高齢者福祉と同じように耳が聞こえない人の福祉と独立させないと、と思ってます」A：22

「限られた社会資源、または制度の中で、できることを整理していく。ないものをつくってやっていくということですね。そういう力をもってるのが大事かなと思います」C：16

「まずは、そういうところにつくればどのようなメリットがあるか、関心をもっている会社に行って、交渉する。たとえば、いろんな助成制度があるとか、税金面が安くなるとか、設備づくりも、国の助成が出るとか、そういうような具体的な、会社にもメリットになることを、いろいろ話すようにする。そして、はじめから正式にお願いするのではなく、はじめはお互いに慣れる、慣らしというか、試用期間というか、そういう期間を3ヵ月とか、6ヵ月とか、お互いにつくってもらって、納得してから、正式の就労に入る。そういう時に、はじめて職業安定所を通して、会社に入れる。なので、きちんとした国の助成が、会社に出ます。だから、いろんな制度を知っていることが、絶対に必要になります」B：12

「ソーシャルアクションができる力を、経験を積んで、早く身につけて、アクションを起こしてほしいと思いますね。たとえば、制度が十分でない、社会資源もない、自分たちが専門資格を取って、それを社会にきちんとアピールしていく、そういうアピールができるのも、アクションの一つです。そういう経験、技術を、早く覚えてほしいと思います。特に、ろうの場合はね、ろうあ協会に入るとか、それだけではなく、福祉協会などに入るとか。幅をつくってほしいと思います」B：23

「ちょうど話しましたようにいろいろな相談内容があるので知識、制度、全部身につけないといけない。それがなかなか大変な面があります」L：7

〔表札〕②〔情報を集める力〕
((5)【聴覚障害者のための社会資源に関する知識】と共通)

「アメリカでは、社会資源を見つけるためにとか、情報収集するために、インターネットをうまく使っていますね」C：6

「あとは情報を集める力ですね。あとはネットワークです」C：14

「確かにそういう情報をもっているということは最低限の力だと思います」D：12

「まあ受けてわかんないことのほうが多いから、あとは専門機関につなげる。あとここでは月に2回法律相談で弁護士さん来てもらってるんです。弁護士会の厚意で無料で来てもらってて、一人1時間ゆっくり時間とって。私が相談受けた中で、これは弁護士さんにもっていったほうがいいなと思ったらまた来てもらう」K：18

(5)【聴覚障害者のための社会資源に関する知識】

〔表札〕①〔聴覚障害者のための社会資源の知識〕

「そういう精神的に問題があるといわれている人が、相談に、自分から来るということは、ほとんどないです。親きょうだいが連れてくる場合は、親が自分で介護ができない。家族も、親が亡くなって、自分がもう介護に参ってしまうという時に、本人を連れてくる場合が多いです。だから、ほとんど、年齢が30から60代ぐらいです。こういう人が、病院などを退院させた場合、どこに行くのか。家には帰れない。幸い、<u>私は以前のろうあ者更生寮とか、障害者支援施設、作業所、いっぱい知っています。それぞれの関係をもっているので、本人に2、3ヵ所見学させて、実習させて、お願いできる、そういうバックをもっているから</u>。退院も自信をもって、医者に説明をして認めてもらえたわけです。そういうバックがなければ、退院させても、どこに行くか、責任をもてないです。また病院に戻ることできません。難しいです。だから、<u>そういうバックがないとね、本当にソーシャルワーカーの仕事はできないと思います</u>」B:11

「ソーシャルアクションができる力を、経験を積んで、早く身につけて、アクションを起こしてほしいと思いますね。たとえば、制度が十分でない、社会資源もない、自分たちが専門資格を取って、それを社会にきちんとアピールしていく、そういうアピールができるのも、アクションの一つです。そういう経験、技術を、早く覚えてほしいと思います。特に、ろうの場合はね、ろうあ協会に入るとか、それだけではなく、福祉協会などに入るとか。幅をつくってほしいと思います」B:23

「<u>社会資源が少ないからいろいろ、好き嫌いもあると思うけれども、やはり、そこをうまく乗り越えて、特別聞こえない人にかかわる人たちのネットワークをつくる力は非常に大事かなと思います</u>」C:14

「<u>○○施設ができてよかった、これで入れるっていう感じで。でもそこまで待てなくて他の施設に入った人もおりますけども</u>。私が一番最初に会ったその人は結局どこもなくって、婦人保護施設に頼んだりもしたんだけど、そこもふさわしくないということで断られて。最終的には救護施設に入ったんですけどね。だから彼女の幸せのためにはもう本当にそこがいい施設と思ったわけじゃないけど、もう家族も面倒がみれないので、もう仕方がなくって感じでした」K:11

〔表札〕②〔少ない社会資源の中で支援していく力〕

「聞こえない人の生活だったり、文化だったり、言葉だったり、それを理解する力。または少ない社会資源のその中で支援していく力。新しいものをつくる力だったり、コミュニケーションなのかなと思います。聞こえない、聴覚障害の基本的は当たり前としてもやはり、<u>限られた社会資源、または制度の中で、できることを整理していく。ないものをつくってやっていくということですね。そういう力をもってるのが大事かなと思います</u>」C:16

〔表札〕③〔ネットワーク構築力〕

「あとは精神科の病院とか、または精神科のソーシャルワーカーとの連携がうまくいかなかったかな、足りなかったからなのかなと思うことはあります」C：5
「本人の力を引き出せるようなコミュニケーション兼通訳技術兼、周りの方へ聴覚障害とはどういうことだよっていうことを、これもさりげなく啓発していく力と、それこそ多岐にわたる知識とネットワークをつくっておかないといけない」E：40
「社会資源が少ないからいろいろ、好き嫌いもあると思うけれども、やはり、そこをうまく乗り越えて、特別聞こえない人にかかわる人たちのネットワークをつくる力は非常に大事かなと思います」C：14
「○○と連携をつくっていこうっていう動きがなかなかなくて、私のところに来てアドバイスを求める、私のアドバイスを聞いて終わり、それ以来連絡がないとか、そういうのが多くて、それが不思議だし意外だなと思っています。本当に聞こえない人の支援をしていくって考えるんだったら、やっぱり関係機関と連携をとりながらしていくべきだと思うんですけど、なかなか連携をつくっていくっていう気持ちが弱いという気がします」F：10
「そういう意味では、関係機関とか一緒に出掛けるところの相手のところに、聞こえない人のことをわかってもらわないといけないというのは、そういう違いはあるでしょうね。ここでは一緒に話しているからOKなんだけれども、たとえば一緒に警察に行ったにしても、会社に行ったにしても、保育所に行ったにしても、そこの行った先で聞こえない人をちゃんと受け止めてもらうために、ちゃんと説明しないといけないから」K：27
「裁判所には行くことはあまりないですけれども、警察はときどきはありますけれども……。ろうあ者の会ったことあるところとか、ろうあ者のことを知った人だったら話を進めやすいんですけれども……。わからない人についてはろうあ者とは何か、ゼロから説明しなければならないということで大変な面があります」L：4

〔表札〕④〔情報を集める力〕
（（4）【聴覚障害者のための制度に関する知識】と共通）

「アメリカでは、社会資源を見つけるためにとか、情報収集のために、インターネットをうまく使っていますね」C：6
「あとは情報を集める力ですね。あとはネットワークです」C：14
「確かにそういう情報をもっているということは最低限の力だと思います」D：12
「まあ受けてわかんないことのほうが多いから、あとは専門機関につなげる。あとここでは月に2回法律相談で弁護士さん来てもらってるんです。弁護士会の厚意で無料で来てもらってて、一人1時間ゆっくり時間とって。私が相談受けた中で、これは弁護士さんにもっていったほうがいいなと思ったらまた来てもらう」K：18

(6)【IT機器の活用術】

〔表札〕①〔IT機器を相談援助に活用できる力〕

「アメリカでは、ソーシャルワーカーは事務所にいたまま、テレビ電話使用で相談面接をおこなっていたという」C：5

「アメリカの場合にはテレビで手話で話すみたいな、インターネットにつないでおこなう方法、オンライングループ、自助グループみたいのがありまして、時間とか日程が決まっていて、その時間帯に自由にインターネット上に来て、入ることができるかたちだったんですよね。一つの画面に顔が映ってできるので、それがいいなと思いました」C：5

(7)【聴覚障害に関するアドボカシー】

〔表札〕①〔聴者に聴覚障害者を啓発していく力〕

「会社の場合には、その聞こえない社員の方の行動とか態度とかが<u>なぜこういうふうな態度になるのか行動をするのかという具体的な内容から</u>、説明をしますけれども。……あんまり理論的な説明ではなくてその本人見てもらって、で、どうしてこういうことをやるのかなっていうのをわかってもらうためのヒントっていうのかみたいなものをちょっとボロボロっていうか、そうなると、会社の人もわかろうとしてくれてるんで、ああ、こういうことなんですかっていうふうにすぐ言ってくれるので、そうですってという感じで」A：16

「だからその会社の場合にはその隣にいた社員の方に、そんなに会話できるほどでもなくてもいいので、『おはよう』とか、『これ食べる？』とか、『手話でやってもらえませんか』って聞いてみたら、そうしたらその本人もその聞こえる人も聞こえない社員の方が9時から5時まで毎日毎日一人ぼっちで仕事をしてるってことに気づいてくれたんで、……そしたら、手話教えるのはその聞こえない社員がしている。聞こえない社員にたとえば『おはよう、というふうに出題してな』『これはどうやるの？』とか、そういうふうな会話をして覚えてもらって、そうすると会話ができて、仕事が楽しくなるとか、まぁ一つのケースですけど」A：17

「たとえば、仕事をしたのでもっていったのに、上司の人が知らんぷりしたとこういう聞こえない社員もいるけども、<u>聞こえる社員の人が『ありがとう』と言ってるのに振り向いてないですね。本人のところに。そうするとね、無視されたみたいな誤解とかその誤解の具体的なところを一つ一つ取り上げて</u>」A：17

「ただ、聞こえない人の場合には、主張の仕方がストレートすぎる場合がある。たとえば、聞こえる社会ってわりとオブラートに包んで進めるけれど、<u>聞こえない人の場合には、パッとストレートに言ってしまうので、そういうところも誤解を生じる</u>というところがある。まぁそういうところもわかってもらいながら進めないと。たとえば、何か有給休暇をとるっていう場合でも、『私は有給休暇をとる権利があるからとらせてください』とか言ったらびっくりするでしょ、会社側は。そういう時には『そういう言い方じゃないよ』とか……」A：18

「聴覚障害者と他の障害者とはちょっと違うのに、障害者自立支援法という制度にごちゃまぜに入れられてしまっているところから、何か聴覚障害者が大変な状況になっていると思うので、<u>女性福祉、児童福祉、高齢者福祉と同じように、耳が聞こえない人の福祉を独立させないと</u>、と思ってます」A：22

「ろうの人が何もできないように思われるのもご本人の人権を傷つけることになると思うので、<u>ご本人を尊重しつつ、こういうことはきちっとできる方です、というようなことも、一応お伝えしとかないと、何でもかんでも通訳がいないとダメなのかっていうのも言われると困る</u>」E：26

「周りの方へ聴覚障害とはどういうことだよっていうことを、これもさりげなく<u>啓発していく力</u>と、それこそ多岐にわたる知識とネットワークをつくっておかないと、……」E：40

〔表札〕①〔聴者に聴覚障害者を啓発していく力〕（つづき）

「なかなか、ろうあ者問題、理解を広めるというのは大変な面があります。その時ろうあ者の特性といいますか、説明することも求められています」L：3
「そういう意味では、関係機関とか一緒に出掛けるところの相手のところに、聞こえない人のことをわかってもらわないといけないというのは、そういう違いはあるでしょうね。……わからない人についてはろうあ者とは何か、ゼロから説明しないといけないということで大変な面があります」L：4

〔表札〕②〔聴覚障害者のストレングスを見つける力〕

「ご本人のできることはできる、過剰支援はやっぱりよくないだろうなっていうのも思うので、そのへんのやりとりをするには、やはりご本人のコミュニケーション能力がどれくらいなのかっていうのを、やはり関係づくりで知っておかないと、後で実際会いました、すごくちぐはぐでしたっていうことになって、またその人が困ったって来るっていうのも大変なことなんで、でもそれはそれで、大変なことだったっていうのも一つの経験だと思うんで、じゃあ次は通訳を依頼しようとか、もしかしたらその人にとっては手法が変わってくるかもしれないので、そのへんがやっぱり難しいですね。ご本人の力も出しつつ、目立たぬように、なんていうんでしょう……」E：26
「そうじゃないんですよ、お話しさせていただいてるのこっちですからって促したりするんですけど、いつの間にか通訳者の方になって、で、通訳に話しかけてくるっていうような状況になるので、そのへんはやっぱり、『いやいや、そうじゃないんだよ』っていうのを軌道修正を微妙にしていく。そういうのは目の当たりにしますね、うちの職場にいてると」E：20
「健聴者はすごいって思ってるろうの人とかもいて、健聴者に言われているからこそしなあかんとか思いはる人がいるんですね。健聴が何でも知ってるって思ってる人もいっぱいいるんですよ。ろうだから、ろうはあかん、知らん知らんって思ってる人も、けっこういるんですよね。なので、いやいやそうじゃないよ、健聴でも知らんことはいっぱいあるし、知らんでしょ、ろうの女の人って、いえいえ、○○さんは心の病気のこととかも詳しくわかってます」E：36
「教えてもらってるとか、健聴者のほうが賢いとか、それは親の教育とかろう学校の教育とか、普通学校の教育とかもあるのかもしれないですけど、すごい思ってはる」E：36
「資格をもってない相談員はそういう考えをもっている人が多いです。資格をもってる人は、一応勉強をしてるわけなので、相手に合わせて支援をするっていう技術はもってるわけですが、困った人と言うのは、有資格者の方はそういう言い方をする人は少ないです。特に、聞こえる人は逆に多いです。困った人、聞こえる人で困った人って相談者のことを言う人は多いです。困った人っていう意味はどういう意味なのでしょうね」F：6-7

〔表札〕③〔聴者社会とろう者社会の橋渡し的役割を担う力〕

「一般論としては、いろんな聞こえない人がいますということはわかってもらう説明をしますけども、実際に、聞こえない社員の人がいて、対応に困っていると、会社の場合には、その聞こえない社員の方の行動とか態度とかがなぜこういうふうな態度になるのか行動をするのかというところから具体的な内容から説明をしますけども。そうしている中で一回だけの面談で終わるわけではないので、なんていうのか、会社の方の気持ちを聞いたり、聞こえない社員の方の気持ちを聞いたりしながらやってくうちに、何となく会社の方がやっぱりそのことをジョブコーチなんだけどもジョブコーチを入れようとする会社はわかろうとする人なんで、何となく理解してもらえるし、聞こえない社員の人にも聞こえる社会のことをいろいろ説明すれば、聞こえる社員の人だって気持ちよく仕事したいのはお互いさまですし、そういう意味ではそんなに特にどういう説明をするっていうことじゃなくて、現場現場でまちまちなんですけども。ただ、あんまり理論的な説明ではなくて、その本人見てもらって、で、どうしてこういうことやるのかなっていうのをわかってもらうためのヒントっていうのかみたいなものをちょっとボロボロっていうか。そうなると、会社の人もわかろうとしてくれてるんで、ああ、こういうことなんですかっていうふうにすぐ言ってくれるので、そうですよっていう感じで。それでまぁ何となく納得、まぁ納得いかない場合もありますけども、わかってもらえるのじゃないかと思うんです」A：16

「本人が突然机たたいて帰ってしまった、……そんなに困って依頼があってどうするのかなっていう、どうしてこういうことやるのかなって。だって一日もう一人ぼっちで黙って仕事してるって言うと、気がつかなかったって言う、『じゃあどうすりゃいいでしょうか』っていう話になるとか、そんな感じです」A：16

〔表札〕④〔ソーシャルアクションができる力〕

「ソーシャルアクションができる力を、経験を積んで、早く身につけて、アクションを起こしてほしいと思いますね。たとえば、制度が十分でない、社会資源もない、自分たちが専門資格を取って、それを社会にきちんとアピールしていく、そういうアピールができるのも、アクションの一つです。そういう経験、技術を、早く覚えてほしいと思います。特に、ろうの場合はね、ろうあ協会に入るとか、それだけではなく、福祉協会などに入るとか。幅をつくってほしいと思います」B：23

「聞こえない、聴覚障害の基本的は当たり前としてもやはり、限られた社会資源や制度の中で、できることを整理していく。ないものをつくってやっていくということですね。そういう力をもってるのが大事かなと思います」C：16

初出一覧

＊本書は、以下のとおり、公刊されているものと未発表のものとで構成されている。公刊されているものについては、加筆修正をおこなった後、本書に掲載した。

はじめに……未発表
第1章　研究課題と構成……未発表
第2章　クライエントとしての聴覚障害者
　1．聴覚障害者とは
　　　……2008,「第5章第2節　聴覚障害者への支援の専門性」奥野英子編『聴覚障害児・者支援の基本と実践』中央法規出版, 112-115.
　　　　　2008,「聴覚障害ソーシャルワークの専門性・独自性と課題」『四天王寺大学紀要』46, 139-151.
　2．聴覚障害者へのまなざしの変遷
　　　……2004,「聴覚障害児・者およびろう者への支援のまなざし──「ろう文化宣言」の考察から」『四天王寺国際仏教大学紀要』38, 69-77.
　　　　　2006,「ろう者・難聴者等への新たなまなざし（1）──現状分析からの考察」『四天王寺国際仏教大学紀要』41, 147-157.
　　　　　2006,「ろう者・難聴者等への新たなまなざし（2）──ギャローデット大学にみるろう者観」『四天王寺国際仏教大学紀要』42, 101-113.
　3．聴覚障害者のろう文化
　　　……2008,「第8章第9節　ろう文化」奥野英子編『聴覚障害児・者支援の基本と実践』中央法規出版, 239-242.
第3章　相談援助専門職であるソーシャルワーカー
　1．ソーシャルワーカーとは……未発表
　2．ソーシャルワーカーのジェネラルな技能とスペシフィックな技能……未発表
第4章　聴覚障害ソーシャルワークの理論的枠組みの形成
　　　……2012,「聴覚障害者の特性を考慮したソーシャルワーク実践のプロセス概念と枠組みに関する研究──聴覚障害ソーシャルワーカーの質的調査から」『四天王寺大学紀要』54, 117-130.
第5章　ソーシャルワーカーのコンピテンス
　　　……2013,「聴覚障害者への相談支援におけるソーシャルワーカーのカルチュラル・

コンピテンスに関する質的研究」『四天王寺大学紀要』55, 111-126.
第6章　聴覚障害ソーシャルワーカーのコンピテンス
　……2009,「聴覚障害ソーシャルワーカーのコンピテンシーに関する一考察――Sheridan & White 論文"ろうと難聴"から考える」『四天王寺大学紀要』48, 93-106.
　　　2011,「聴覚障害ソーシャルワーカーのカルチュラル・コンピテンスに関する一考察」『四天王寺大学紀要』52, 87-97.
　　　2013,「聴覚障害者への相談支援におけるソーシャルワーカーのカルチュラル・コンピテンスに関する質的研究」『四天王寺大学紀要』55, 111-126.
第7章　調査結果の考察と今後の研究課題――文化モデルアプローチの構築に向けて
　……2013,「聴覚障害者への相談支援におけるソーシャルワーカーのカルチュラル・コンピテンスに関する質的研究」『四天王寺大学紀要』55, 111-126.
　　　2010,「聴覚障害者の雇用・就労の現状分析と就労支援に関する課題」『進化経済学論集』14, 783-793.
　　　2011,「文化モデルアプローチによる聴覚障がい者への就労支援に関する考察――ソーシャルワーカーに求められるろう文化視点」『社会福祉学』51 (4), 57-68.
第8章　まとめ……未発表
おわりに……未発表

著者紹介

原　順子（はら・じゅんこ）
四天王寺大学人文社会学部人間福祉学科教授
関西大学社会学部卒業。1981年、関西大学大学院社会学研究科博士前期課程修了。2014年、関西大学大学院博士後期課程修了。博士（社会学）。専門分野は障害者福祉、ソーシャルワーク。
主要著作：
2008，「第5章第2節　聴覚障害者への支援の専門性」「第8章第9節　ろう文化」奥野英子編『聴覚障害児・者支援の基本と実践』中央法規出版．
2011，「文化モデルアプローチによる聴覚障がい者への就労支援に関する考察——ソーシャルワーカーに求められるろう文化視点」『社会福祉学』51（4）．
2012，「聴覚障害者の特性を考慮したソーシャルワーク実践のプロセス概念と枠組みに関する研究——聴覚障害ソーシャルワーカーの質的調査から」『四天王寺大学紀要』54．

聴覚障害者へのソーシャルワーク
――専門性の構築をめざして

2015年2月28日　初版第1刷発行

著　者	原　順子
発行者	石井昭男
発行所	株式会社　明石書店

〒101-0021　東京都千代田区外神田6-9-5
電　話　03（5818）1171
ＦＡＸ　03（5818）1174
振　替　00100-7-24505
http://www.akashi.co.jp

装　丁	明石書店デザイン室
印　刷	株式会社文化カラー印刷
製　本	本間製本株式会社

（定価はカバーに表示してあります）
ISBN978-4-7503-4141-5

JCOPY〈(社)出版者著作権管理機構　委託出版物〉
本書の無断複写は著作権法上での例外を除き禁じられています。複写される場合は、そのつど事前に、(社)出版者著作権管理機構（電話 03-3513-6969、FAX 03-3513-6979、e-mail: info@jcopy.or.jp）の許諾を得てください。

世界障害報告書
アラナ・オフィサー、アレクサンドラ・ポサラック編
長瀬修監訳　石川ミカ訳
●7500円

聾・聴覚障害百科事典
キャロル・ターキントン、アレン・E・サスマン著　中野善達監訳
●7500円

聴覚障害児の読み書き能力を育てる　家庭でできる実践ガイド
デイヴィド・A・スチュワート、ブライアン・R・クラーク著
松下淑、坂本幸訳
●2500円

きこえない子の心・ことば・家族　聴覚障害者カウンセリングの現場から
河﨑佳子
●1200円

難聴者・中途失聴者のためのサポートガイドブック
マーシャ・B・デューガン著　中野善達監修　栗栖珠洱訳
●1800円

聾の人びとの歴史
ペール・エリクソン著　中野善達、松藤みどり訳
●3300円

盲ろう者として生きて　指点字によるコミュニケーションの復活と再生
福島智
●2800円

「ろう文化」の内側から
キャロル・パッデン、トム・ハンフリーズ著　森壮也、森亜美訳
●3000円

アフリカのろう者と手話の歴史　A・J・フォスターの「王国」を訪ねて
亀井伸孝
●2800円

ろう文化の歴史と展望　ろうコミュニティの脱植民地化
パディ・ラッド著　森壮也監訳　長尾絵衣子、古谷和仁、増田恵里子、柳沢圭子訳
●9800円

ろう教育が変わる！　日弁連「意見書」とバイリンガル教育への提言
小嶋勇監修　全国ろう児をもつ親の会編
●2000円

ろう教育と言語権　ろう児の人権救済申立の全容
小嶋勇監修　全国ろう児をもつ親の会編
●4800円

ぼくたちの言葉を奪わないで！　ろう児の人権宣言
全国ろう児をもつ親の会編
●1500円

聾教育の脱構築
金澤貴之
●3200円

アメリカのろう者の歴史　写真でみるろうコミュニティの200年
ダグラス・C・ベイントン、ジャック・R・ギャノン、ジーン・リンドキスト・バーギー著　松藤みどり監訳　西川美樹訳
●9200円

オックスフォード・ハンドブック　デフ・スタディーズ　ろう者の研究・言語・教育
マーク・マーシャーク、パトリシア・エリザベス・スペンサー編
四日市章、鄭仁豪、澤隆史監訳
●15000円

〈価格は本体価格です〉